공부하면 쉬운

사례관리론

Case Management

서보준 · 김우호 · 이정미 · 이덕희 · 제미자

KNOWLEDGE COMMUNITY 공동체

머리말

현대 사회는 IMF 이후 지속적인 경제 불황으로 인해 실직하는 가정이 증가하여 별거 및 가족해체와 더불어 이혼가정 등 한부모가정이 늘어나고 있는 상황이다. 뿐만 아니라 다문화가정도 지속적으로 증가하고 있어 이에 따른 인종차별과 자녀교육, 한국사회의 적응 등의 복잡하고 다양한 문제를 가진 클라이언트를 비롯한 코로나19 사태로 인해 경제적 위기에 직면한 클라이언트와 가족에 대한 사례관리가 절실히 필요한 시점이다.

대학에서 2001년 학과의 협의를 얻어 사회복지학과에서 사례관리론 수업이 개설되었는데 벌써 20년이 되었다. 이와 같은 교육의 뒷받침으로 인해 사회복지실천 현장에서 사례관리가 가장 효과적인 서비스 전달 방법으로 평가되고 있을 뿐만 아니라 사례관리의 중요성이 더욱 강조되고 있다. 그러므로 사회복지실천 현장에서 근무하기 위해서는 반드시 학습해야 하는 주요 교과목이므로 사회복지학과 재학생들은 사례관리에 대한 체계적인 교육이 필요하다고 볼 수 있다.

따라서 사각지대에 놓인 대상자들의 어려움과 다양한 문제들을 해결할 수 있도록 서비스의 질을 높이기 위해서는 그 시대적 상황에 맞는 요구에 적극적으로 대처하기 위한 사회복지전문가들의 사례관리가 필요함을 느끼게 되었다.

이에 이 책은 현재 대학에 재학 중인 사회복지학 전공자를 비롯한 사회복지실천 현장에 종사하는 사례관리 담당자들에게 보다 쉽게 이해하고 접근할 수 있도록 집필하고자 진심 어린 노력을 기울였다.

1장에서는 사례관리의 개념 및 목표와 특징, 2장에서는 사례관리의 등장배경과 발전과정, 3장에서는 사례관리의 구성요소 및 가치와 윤리, 4장에서는 사례관리의 기능 및 사례관리자의 역할에 대해 제시하였다. 또한 5장, 6장, 7장에서는 사례관리의 관점과 모형 그리고 사례관리의 운영체계에 대해서 제시하였다. 8장, 9장, 10장에서는 사례관리의 초기면접에 대한 이해, 사례관리의 사정단계, 사례관리의 서비스 계획 및 실행단계와 점검 등을 제시하였으며, 11장, 12장, 13장에서는 사례관리의 평가와 종결, 사례관리의 기록, 사례관리의 미래 전망과 과제 등을 제시하였다.

이 책이 출간되기까지 저자는 사회복지실천 현장에서의 사례관리와 다년간 상담을 비롯하여 사례관리 자문위원으로 활동한 경험을 바탕으로 집필하였으나 사례관리의 광범위한 내용을 다루다 보니 미흡함이 있을 것이다. 향후 보다 알찬 책의 내용이 될 수 있도록 여러분의 기탄없는 충고와 가르침을 겸허하게 받아들여 계속 수정·보완하여 더 좋은 사례관리론 책이 출간될 수 있도록 다짐한다.

끝으로 출판계의 어려운 현실에도 불구하고 본 교재가 출판될 수 있도록 관심과 적극적으로 도움을 주신 공동체 가족 여러분들에게 깊은 감사를 전한다.

2022년 1월

대표저자 서 보 준

차 례

CHAPTER 01

사례관리의 개념 및 목표와 특징

제1절 사례관리란 무엇인가?

제2절 사례관리의 목적과 개입원칙

제3절 사례관리의 특성

CHAPTER 01

사례관리의 개념 및 목표와 특징

제1절 사례관리란 무엇인가?

1. 사례관리(Case Management)의 개념

사례관리는 미국에서 130년 이상 인본서비스 전달의 방법으로 사용되었는데, 사례관리는 빈자와 병자를 돕는 책임감에서 기원하였다(Karls & Wandrei, 1994). 그래서 사례관리라는 용어는 보호관리(care management), 관리된 보호(managed care)의 용어로도 사용되고 있다. 하지만 사례관리란 사회복지사들에게는 사실상 낯선 개념이다. 사례(case)라는 단어는 원래 보건학과 간호학 등의 대인서비스 영역에서 치료의 대상을 지칭하기 위해 사용되었던 용어이다. 현재는 의료영역뿐만 아니라 사회복지실천현장에서도 순수한 치료 목적이 아니더라도 다양한 실천의 대상(client)을 지칭할 때 사례(case)라고 부르고 있다. 그렇지만 사회복지실천현장에서 널리 사용되고 있는 클라이언트(client) 혹은 서비스 이용자(service user)라는 용어가 갖는 의미를 사례라는 말로 대신하여 사용하기에는 분명 한계가 있다. 그럼에도 불구하고 사례관리는 일반적인 복수의 욕구를 가진 서비스 이용자나 그 가족의 질 높은 삶을 위해 지역사회의 동원 가능한 공식, 비공식 자원을 연계하여 그들의 지역생활을 지원하는 실천과정이라 인식되고 있으며(박정란, 2016), 사례관리의 내용과 원리, 방법 등과 같은 사례관리적인 요소들이 과거 사회복지실천을 통해서도 나타나고 있다.

실제로 1863년 설립된 미국 메사추세츠의 자선위원회에서는 공공 부문의 인간서비스를 조정하였는데, 이는 지금의 일반 사회복지사들(generalist social workers)의 실천형태라고 할 수 있다. 즉, 사례관리적인 요소들이 제법 포함되어 있는 비교적 통합적인 개입실천이었던 것이다. 이후 사례관리적인 요소들은 Richimond 시대 이래로 사회복지실천의 전통적인 성격 속에 포함되었고(Jonson & Rubin, 1983), 인보관 운동과 자선조직협회에서도 이미 그 사례관리적인 요소들의 기원을 찾아 볼 수 있다(Vourlekis & Green, 1992). 따라서 미국에서는 사례관리가 케이스매니지먼트(case management)로 불리고 있으며, 영국에서는 케이스매니지먼트로 불리다가 현재는 케어매니지먼트(care management)라는 용어를 사용하고 있다. 일본에서도 처음에는 사례관리가 케이스매니지먼트라는 용어로 사용되었지만 2000년에 개호보험제도가 도입되면서 케어매니지먼트로 변경하여 사용하고 있다. 우리나라의 경우에는 사례관리가 비교적 다양한 용어로 사용되어 용어의 정의에 대한 상당한 혼란이 존재하고 있지만 대체적으로 사례관리라는 용어를 사용하고 있다.

사례관리와 관련된 정의는 그동안 여러 학자들에 의해 다양하게 제시되고 있는데 구체적인 사례관리에 대한 정의를 살펴보면 다음과 같다.

Weil와 Karls(1985)는 사례관리란 클라이언트가 필요로 하는 서비스를 효과적 · 효율적 · 비용효과적인 방법으로 제공하는 일련의 논리적 단계이자 서비스 관계망 내에서 상호작용하는 과정이라고 하였다. Moxley(1989)는 다양하고 복합적인 욕구를 지닌 클라이언트를 대상으로 사례관리자 또는 사례관리팀이 공식적 · 비공식적 지원망과 클라이언트의 기능과 복지를 최대화하기 위해 고안된 활동을 조직하고 조정하며 유지하는 것이 사례관리라고 정의하였다. 또한 Rothman(1991)은 지역사회 내에서 클라이언트에 대한 개별화된 조언, 상담, 치료를 제공하며, 클라이언트를 지역사회 기관 및 비공식적인 원조 관계망에서 연계시켜 주는 실천이 사례관리라고 정의하였다.

Ballew와 Mink(1996)는 한 번에 여러 원조자들의 도움이 필요한 많은 문제로 인해 그들의 삶이 만족스럽지 못하고 생산적이지 못한 사람들을 돕는 과정이 사례관리라고 정의하였다. Kumar(2000)는 클라이언트 욕구에 대한 사정, 계획, 조정, 전달, 모니터링을 통해 서비스 통합을 달성하기 위한 전문적 서비스를 제공하는 과정을 사례관리라고 정의하였다.

Moore 등(2009)은 복잡한 장기간의 욕구를 가진 취약한 사람들에게 사적, 건강, 복지의 지지와 서비스를 통합적으로 제공함으로써 그들이 최적의 독립된 개인 및 사회적 기능을 확립하고 유지하도록 하는 접근방법이 사례관리라고 정의하였으며, NASW(2013)에서는 클라이언트를 위해 서비스를 계획하고 찾고, 옹호하며, 다른 사회서비스 또는 건강보호기관의 서비스를 점검하는 일련의 과정을 사례관리라고 정의하였다.

따라서 본 서에서는 주요 학자들의 정의를 종합하여 사회복지 사례관리의 개념을 다음과 같이 정의한다.

사례관리는 복잡하고 다양한 욕구와 문제를 가진 클라이언트 및 가족들에게 사례관리 과정을 통해 지속적으로 서비스를 제공하게 됨으로써 클라이언트를 비롯한 가족들의 기능을 향상시키므로 보다 나은 삶의 질을 개선시키는 일련의 전문적인 사회복지실천방법이라고 할 수 있다.

제2절 사례관리의 목적과 개입원칙

1. 사례관리의 목적

사례관리의 목적은 실천 분야와 학자에 따라 다양한 의견을 제시하고 있지만 사례관리에 대한 공통적인 목표는 클라이언트의 역량 강화, 클라이언트의 상호작용 능력 향상, 클라이언트에 대한 서비스의 통합성, 클라이언트에 대한 서비스의 접근성, 클라이언트에 대한 보호의 지속성, 클라이언트에 대한 질 높은 서비스, 사례관리의 책임성 증진의 7가지로 분류할 수 있으며, 구체적인 내용을 살펴보면 다음과 같다(김성경, 2019; 우국희, 2016).

1) 클라이언트의 역량 강화

사례관리의 목표는 사례관리서비스를 통해 클라이언트의 문제해결능력과 대처능력을 강화시킴으로써 역량을 강화하는 것이다(NASW, 2013). 클라이언트의 역량 강화는 강점과 역량을 키우고, 사회적 관계능력을 향상시키며, 클라이언트가 자신의 생활을 관리할 수 있는 힘을 키우는 것을 의미한다(한국사례관리학회 편, 2012). 즉, 사회적 기능의 문제를 가진 클라이언트에게 잠재능력, 장점, 건전한 기능, 문제해결 능력 등을 최대한 활용하고 발휘할 수 있도록 하는 것을 의미한다.

2) 클라이언트의 상호작용 능력 향상

사례관리는 클라이언트가 스스로 자신의 욕구에 맞게 지역사회 자원에 접근하고 선택하는 능력을 향상시키는 데 목표를 둔다. 클라이언트의 상호작용 능력 향상은 클라이언트의 역량 강화와 연결되는 것으로 자발적으로 지역사회와 상호작용하고 참여하는 능력을 증진시킴으로써 클라이언트가 자신이 원하는 자원을 얻을 수 있는 힘을 갖추는 것을 의미한다(Moore, 1990).

3) 클라이언트에 대한 서비스의 통합성

많은 클라이언트들의 욕구는 복합적이며 단기간에 해결되기 힘든 장기적인 욕구이다. 이러한 욕구를 적절하게 다루기 위해서는 많은 기관의 서비스와 다양한 전문가들의 기능을 통합한 체계를 확보해야 한다. 이와 같은 서비스의 통합이 확보되면 서비스의 중복이나 누락을 쉽게 예방할 수 있을 뿐만 아니라 서비스 제공자들 간의 갈등을 줄이고 긍정적인 상호작용을 강화시킬 수 있게 된다.

4) 클라이언트에 대한 서비스의 접근성

취약한 계층의 클라이언트들의 서비스 접근에 다양한 장벽을 경험한다. 구체적인 예를 들면, 기관의 수혜자격 기준, 규제, 복잡한 절차 등은 클라이언트의 접근을 제한한다고 볼 수 있다. 사례관리는 기관서비스나 정책의 틀 안에서 제한적으로 기능하지 않고 클라이언트 욕구에 서비스를 맞추기 위해 보다 적극적인 역할을 한다. 즉, 클라이언트 중심적으로 사고하며, 서비스 접근의 장벽들을 제거하고 클라이언트가 필요한 서비스를 수월하게 획득할 수 있도록 다양한 서비스 체계와 협상하는 등 적극적인 옹호기능을 수행해야 한다.

5) 클라이언트에 대한 보호의 지속성

클라이언트의 욕구 충족을 위해 일정한 장소에서 일정한 기간 동안 서비스를 지속적으로 제공하는 것을 의미한다. 보호의 지속성은 횡단적 · 종단적 차원으로 분류할 수 있는데 횡단적 차원의 연속성은 주어진 시점에서 이용자의 다양한 욕구를 충족시키기 위해 포괄적인 서비스를 제공하는 것이다. 또한 종단적 차원에서의 연속성은 시간의 경과에 따라 변화하는 개인의 욕구에 반응하여 서비스를 지속적으로 제공하는 것을 의미한다.

6) 클라이언트에 대한 질 높은 서비스

클라이언트의 욕구에 맞는 맞춤서비스와 가장 효과적인 우수한 서비스를 제공하며, 보다 나은 서비스로 조정하고자 하는 목표를 갖는 것을 의미한다.

7) 사례관리의 책임성 증진

서비스 제공의 효과성, 효율성과 관련되는 문제로, 효과성은 클라이언트의 욕구에 적합하고 적절한 방법으로 제공될 수 있도록 보장하는 것이다. 효과성 못지않게 서비스 전달의 효율성 증대는 사례관리의 주요한 목적이다. 효율성은 비용절감 차원과는 다른 것으로 자원이 부족한 현실에서 클라이언트의 다양한 욕구를 충족시켜 주기 위해서는 현명하게 자원을 활용하는 것이 중요하다. 특히 클라이언트들은 자신의 욕구에 맞는 서비스를 제대로 제공받지 못하거나, 제공받더라도 부적절한 서비스를 제공받는 경우가 많다. 그 결과 이용 가능한 서비스의 잠재적인 효과는 감소될 수밖에 없다. 욕구에 적합한 서비스의 조정 및 제공 책임을 한 개인 혹은 한 기관에 고정시켜 둠으로써 사례관리는 서비스 체계의 책임성을 향상시킬 수 있다.

2. 사례관리의 개입원칙

사례관리의 목적을 달성하고자 하는 개입원칙은 서비스의 개별화, 서비스 제공의 포괄성, 서비스의 지속성, 서비스 이용자의 자율성 보장, 서비스의 연계성의 다섯 가지로 분류할 수 있으며, 구체적인 내용을 살펴보면 다음과 같다(Gerhart, 1993).

1) 서비스의 개별화

서비스 이용자마다 독특한 신체적 · 정신적 · 사회적 환경에 따라 서비스는 특별히 각 서비스 이용자의 욕구를 충족시키기 위해 개발 또는 고안되는 것을 말한다(Lamb, 1980; Leavitt, 1982). 즉, 서비스 이용자인 두 사람이 비록 임상적 진단에 있어서나 나이, 성별, 사회경제적 수준에서 비슷하다 할지라도 그들에 관한 원조계획은 각각 다를 수 있다는 것이다. 따라서 원조계획은 서비스 이용자 한 사람 한 사람마다 주의 깊게 수립되어야 하며 변화하는 서비스 이용자의 상황에 따라 수정되어야 한다.

2) 서비스 제공의 포괄성

서비스 이용자의 다양한 욕구를 충족시키기 위해 지역사회에서 기능하는 데 필요한 광범위한 서비스를 연결하고 조정 및 점검하는 것이다. 이때의 서비스는 서비스 이용자의 삶의 모든 영역(안전, 건강, 일상생활 유지, 가족관계, 사회적 관계, 경제, 교육, 직업, 주거) 등을 포괄적으로 다루는 것을 의미한다. 사례관리자는 서비스 이용자들에게 적합한 서비스를 제공하기 위해 현존하는 지역사회의 자원뿐만 아니라 잠재적인 자원까지도 충분히 파악하고 이를 활용할 수 있어야 한다.

3) 서비스의 지속성

서비스 이용자에게 서비스를 필요로 하는 한 계속 접촉해서 서비스를 장기적 또는 지속적으로 제공하는 것이다. 즉, 1회의 단편적인 서비스 제공이 아니라 서비스 이용자가 자신의 생활환경에서 잘 적응할 수 있도록 지속적으로 원조해야 한다는 것을 의미한다. 이는 대다수의 서비스 이용자들은 빨리 회복되지 않는 만성적인 어려움을 가지고 있고, 완전하게 회복되기란 어려우며 무한정으로 서비스를 필요로 한다는 가정하에 적용되는 것이다(Bachrach, 1981).

4) 서비스 이용자의 자율성 보장

서비스 이용자 선택의 자유를 최대한 존중하는 면에서 서비스가 결정되고 제공될 수 있도록 돕는 것이다. 이는 사회복지실천에 있어서 오랫동안 견지되어 온 원리이며, 곧 서비스 이용자가 자신의 보호에 관한 의사결정에 가능한 한 많이 참여하도록 하며 자율적으로 사회적 기능을 수행할 수 있는 권리가 주어진 자기결정의 극대화를 의미한다(이준우 · 최희철, 2016).

5) 서비스의 연계성

서비스의 연계성은 복잡하고 분리되어 있는 서비스 전달체계를 연결한다는 것을 의미한다. 예들 들어 서비스 이용자에게 필요한 서비스가 여러 기관에 분산되어 있을 때, 적절한 서비스를 받을 수 있도록 다른 기관에 서비스 이용자를 의뢰함으로써 서비스가 분산되지 않도록 하는 것이다. 이때 사례관리자는 다를 서비스 전달체계 간의 중개자 혹은 권익옹호자의 역할을 하게 된다는 것을 의미한다.

제3절 사례관리의 특성

1. 사례관리의 특성

미국사회복지사협회가 제시한 사회복지실천으로서의 사례관리의 특성과 사례관리 대상에 따른 아웃리치, 스크리닝, 포괄적인 사정, 보호계획, 서비스 조정, 점검 및 재사정 등으로 분류하여 살펴보면 다음과 같다(Gursansky et al., 2003).

첫째, 사회복지실천 사례관리의 주요 목적은 복합적이고 다중적 욕구를 갖는 개인에게 질적인 서비스를 가장 효율적이고 효과적인 방법으로 제공함으로써 클라이언트의 기능을 최적화하는 것이다.

둘째, 사회복지실천의 모든 방법들과 마찬가지로, 사례관리는 전문적 훈련, 가치, 지식, 이론, 기술에 기반한다.

셋째, 프로그램이나 체계의 목표에 따라 사례관리자의 역할과 책임이 상당히 다양하다 하더라도 사회복지실천 사례관리자들은 클라이언트 수준에서의 개입과 체계 수준에서의 개입에 관련된 공통의 과업들을 광범위하게 수행한다.

넷째, 교육과 훈련은 미시수준과 거시수준의 실천 모두에 초점을 둔다.

다섯째, 사회복지실천 사례관리자는 클라이언트와 체계의 강점, 자기 케어 기술의 발달에 초점을 둔다.

여섯째, 사회복지실천 사례관리는 체계 틀 안에서 강점과 도전을 사정하는 환경 속의 인간 관점을 채택하며, 생물심리사회 모델 위에 서 있다. 사례관리자는 클라이언트 삶 속에서의 생물학적 욕구를 고려할 뿐만 아니라 클라이언트 삶에 영향을 미치는 가족의 욕구, 사회, 환경 및 다른 체계의 욕구를 사정한다.

1) 아웃리치

아웃리치는 서비스 대상자를 적극적으로 찾아 나서는 것을 말한다. 즉, 사례관리 서비스를 받기 위해 찾아오는 클라이언트 외에 서비스를 받아야 하는 대상임에도 불구하고 서비스를 받지 못하는 대상을 발굴하여 서비스를 제공하기 위한 과정이다.

2) 스크리닝

스크리닝은 사례관리 대상자로서 적합성을 검증하기 위한 과정이다. 인테이크 과정에서 습득한 정보를 기초로 사례관리 대상자로 적격한지를 결정하는 과정으로 선별 기준을 가지고 있어야 한다.

3) 포괄적인 사정

개인이 처한 위험과 욕구수준을 사정하기 위하여 사정도구를 활용할 수 있다. 이때의 사정은 클라이언트의 다양한 욕구를 사정할 수 있는 포괄적인 것이어야 하며, 이 과정을 거쳐 바람직한 결과목표를 구체화할 수 있어야 한다.

4) 보호계획

포괄적인 욕구사정에 기초하여 서비스 계획과 보호계획이 수립되어야 한다. 활용 가능한 서비스나 자원이 없는 경우 새로운 서비스를 창출하거나 자원을 개발해야 한다.

5) 서비스 조정

서비스 제공 계획과 보호 계획이 이루어지도록 필요한 서비스를 연계 · 소성해야 하며, 이때 비공식적인 자원을 효율적으로 활용해야 한다. 서비스의 조정에 클라이언트의 입장과 그들의 선호를 반영하여야 한다.

6) 점검 및 재사정

점검은 서비스 제공과정의 변화에 즉각적으로 반응할 수 있도록 상황을 감독하며 의도한 방향대로 서비스가 제공되고 있는지를 점검해야 한다. 또한 재사정은 상황의 변화가 있는 경우 클라이언트의 욕구와 보호계획을 재사정하여 필요한 서비스를 제공해야 한다.

❙ 참고문헌 ❙

김성경(2019). 사회복지 사례관리론. 공동체.

박정란(2016). 사례관리실천론. 양서원.

우국희(2016). 사례관리론. 공동체.

이준우 · 최희철(2016). 사례관리론. 신정.

한국사례관리학회 편(2012). 사례관리론. 학지사.

Bachrach, L. L.(1981). Continuity of care for chronic mental patients : A conceptual analysis. *The American Journal of Psychiatry, 138*(11), 1449-1456.

Bellow, J. R., & Mink, G.(1996). *Case Management in Social Work*. The Charles C. Thomas Publisher, Ltd.

Gerhart, U. C.(1983). The role of the cases manager for the mentally ill : problems and prospects. A paper presented at the NASW professional Symposium in November of 1983.

Gursansky, D., Harvey, J., & Kennedy, R.(2003). *Care Management : Policy, Practice and Professional Business*. Allen & Unwin, Sydney.

Jonson, P. J., & Rubin, A.(1983). Case management in mental health : A social work do-main. *Social work, 28*(1), 1-12.

Kumar, S.(2000). *Multidisciplinary Approach to Rehabilitation*. Butterworth Heinemann.

Lamb, H. R.(1980). Therapist-case managers : more than brokers of services. *Hospital and Community Psychiatry, 31*(11), 762-764.

Leavitt, S. S.(1982). Case management : A remedy for problems of community care. In C. Sanborn(Ed.), *Case Management in Mental Health Services*(pp. 17-41). NY : The Haworth Press.

Moore, E.(2009). Systems Diversity : Definitions and Archetypes. In E. Moore(Ed.), *Case Management for Community practice*. South Melbourne : Oxford University Press.

Moxley, D. P.(1989). *The Practice of Case Management*. CA : Sage Publications Inc.

NASW(2013). NASW Standards for Social Work Case Management. http://www.socialworkers.org/practice/naswstandarls/Case Management Standards2013.pdf. 2017년 9월 2일 인출.

Rothman, J.(1991). A model of case management : Toward empirically based practice. *Social Work, 36*(6), 520-528.

Vourlekis, B. S., & Greene, R. R.(1992). *Social Work Case Management*. Aldine Transaction.

Weil, M., & Karls, J. K.(1985). *Case Management in Human Service Practice*. San Francisco : Jossey-Bass.

CHAPTER 02

사례관리의 등장배경 및 발전과정

CHAPTER 02

사례관리의 등장배경 및 발전과정

제1절 사례관리의 등장배경

1. 사례관리의 등장배경

사례관리는 어떻게 등장하게 되었으며 왜 필요하게 되었는가? 사례관리가 시작된 시대적 · 역사적 배경을 몇 가지로 요약하면 다음과 같다. 첫째, 복합적이고 만성적인 욕구로 인해 여러 가지 사회적 서비스가 동시에 혹은 연속적으로 필요한 클라이언트를 돕기 위해서 사례관리 실천 방법이 필요하였다. 둘째, 클라이언트 욕구충족을 위한 계획된 서비스들을 지속적이면서도 포괄적으로, 비용을 줄이면서도 책임있게 제공하기 위해서는 기존의 방식과는 다른 새로운 서비스전달의 방식이 필요하게 되었다.

사례관리와 같은 통합적이고 지속적인 서비스의 필요성은 1950~1960년에 진행된 탈시설화의 영향으로 강하게 제기되었다. 탈시설화 정책으로 병원 및 의료시설에서 거주하였던 정신장애인들이 지역사회에서 거주하게 되면서 이들이 살아가는데 필요한 서비스들을 제공하기 위한 목적으로 사례관리 차원의 개입이 수행되었다. 1976년 미국사회사업가협회에서는 사회복지실천의 관심을 치료에서 보호로 이동해야 한다는 관점을 제기하였고 그로 인해 사례관리가 필요한 대상자를 보호하기 위한 실천방법이 될 수 있다고 제안하였다. 그 밖에도 지역정신보건, 가족, 아동복지, 노인복지 영역에서도 사례관리의 필요성이 제기되었다(엄명용 외, 2006). 따라서 사례관리가 등장하게 된 배경은 탈시설화의 영향, 복잡하고 분산된 서비스 체계의 극복 필요성 증가, 복합적인 욕구를 가진 대상자의 증가, 지방분권화에 따른 지역사회의 책무성 증가, 서비스 비용의 효과성에 대한 인식 증가, 사회적 지원체계와 관계망의 중요성에 대한 인식 증가 등의 여섯 가지로 구분할 수 있는데 구체적인 내용을 살펴보면 다음과 같다(강흥구, 2016; 박미은, 2019; 이준우 · 최희철, 2016).

1) 탈시설화의 영향

탈시설화는 클라이언트가 시설생활에서 탈피해 다시 가정과 지역사회로 돌아오는 것을 말한다. 시설은 클라이언트가 이제까지 살아오던 가정과 지역사회와 분리되어 한 곳에서 문제를 해결할 수 있는 곳이었다. 그러나 시설수용으로 클라이언트에게 들어가는 비용을 부담하기 어려워진 미국정부는 탈시설화 정책을 도입하여 가능한 시설수용을 억제하고자 하였다(정순돌, 2005). 1950년대 중반 이후 정신장애인들을 병원이나 시설에서 보호하지 않고 지역사회내에서 치료하고 관리하는 탈시설화 정책을 시행하여 지역사회의 보호와 관리가 시작되었다. 정신장애인으로부터 시작된 탈시설화는 대부분의 장애 영역으로 확산되었으며, 특히 지적장애인들의 경우 탈시설화의 주요 대상이 되었다. 그러나 자기 스스로의 관리가 거의 불가능한 중증의 만성 정신장애인들과 중증장애인들은 복잡하게 얽혀 있는 여러 종류의 서비스에 접근하는 것이 불가능하였다. 실제로 탈시설화에 따른 다양한 당사자들의 욕구에 대하여 각기 다른 여러 기관에서 원조가 이루어지기 때문에 서비스가 단편화되고 분산되며, 당사자들의 욕구에 대응하는 다양한 사회자원의 이용체계가 확립되어 있지 않아 그나마 시설에서 제공받던 최소한의 서비스마저도 받기 어려운 사례가 빈번하게 발생하였다. 탈시설화의 대상이 정작 지역사회에 통합할 수 있는 여건의 확보나 충분한 지원이 되지 못한 가운데에 처해지는 부작용이 크게 발생하게 된 것이다.

또한 장기간의 시설보호로 인한 무기력과 동기 부족, 가족의 보호 부담으로 인한 보호 기피와 그로 인하여 지역사회 보호기관의 부담이 증가되는 등의 단점이 나타났다. 탈시설화는 반드시 필요하고 성공적으로 실현되어야 하는 가치임이 틀림없었으나 지역사회 중심의 질 높은 사회복지서비스가 제공되기 위한 제도적인 대책은 크게 부족하였다. 그러다 보니 탈시설화의 대상인 정신장애인들과 중증장애인들의 저항이 나타나기도 하였다. 탈시설화에 대한 준비 부족과 제도적 장치의 미비는 장애인계의 저항과 함께 결과적으로 당사자만이 아니라 탈시설화에 대한 지역사회 전반의 부정적인 시각을 자초하기도 하였다. 이에 따라 탈시설화된 이들을 지역사회 내에서 지속적으로 보호·관리할 수 있는 전문적인 실천 모델인 사례관리가 크게 대두되었다.

특히 1990년대에 들어와서 우리나라 사회복지의 방향이 지역사회복지 중심으로 재편되고 재가복지서비스가 강화되면서 자연스럽게 탈시설화가 우리나라에서도 본격화되었다. 시설에 거주하던 중증장애인들과 정신장애인들이 지역사회로 나오기 시작하였다. 서울장애인종합복지관, 서부장애인종합복지관 등과 같은 지역사회에 기반을 둔 장애인복지관들에서 사례관리가 시도되었으며, 2000년대에는 거주시설인 교남소망의집을 비롯한 여러 사회복지시설에서도 활발하게 사례관리가 사용되기 시작하였다(이준우, 2012). 특히 서비스 이용자들 시설에서 지역사회로 이동하는 과정에서 필요한 응급서비스와 지지서비스를 확인하고 그 서비스를 동원함으로써 예방기능을 수행하는 데에도 사례관리가 크게 유용하였다(이준우, 2009).

2) 복잡하고 분산된 서비스 체계의 극복 필요성 증가

1960년대 케네디 행정부 시대에는 수많은 사회복지 프로그램들이 실시되었다. 그러나 이들 프로그램은 각기 다른 서비스 부서의 범주별 재정에 의해 실시되었다. 예를 들어, 대인서비스의 관계 부처들은 연령집단별(아동, 노인 등), 기능영역별(보건, 정신건강, 고용, 주택 등), 또는 문제영역별(교정 등)로 프로그램을 실시하였다. 사회복지 프로그램이 각기 다른 부서에 의해 실시되다 보니 클라이언트들은 각종 서비스를 편리하게 이용할 수 없게 되었다. 이와 같은 서비스 체계의 단편성으로 인해 다양한 욕구를 지닌 클라이언트들은 서비스 접근에서 좌절을 경험해야 했다. 즉, 지역사회 서비스 제공자들 사이에서 나타나는 서비스 전달체계의 단편성 또는 연속성의 결여로 인해 복합적인 클라이언트의 욕구는 해결되지 않았다. 따라서 이들 프로그램에 대한 비평과 서비스를 개선하기 위한 전략 등이 서비스에 대한 통합을 시도하게 하였고, 이것이 사례관리의 시초가 되었다(Harris & Bergman, 1987).

이와 같이 1970년대 미국의 사회복지서비스는 급속도로 팽창되었으나 오히려 서비스 전달체계는 복잡하고 단편화되어 조정되지 않은 채 중복적인 서비스가 제공되면서 서비스 전달에서 기관의 책임성 문제와 서비스의 중복과 누락 문제를 야기하였다. 그 결과 1970년대 초반 보건, 교육 분야의 서비스 조정 필요성이 인정되고 사례관리자가 지역사회 차원에서 클라이언트를 위한 다양한 서비스를 책임지도록 법적 조치가 이루어진 것도 같은 맥락에서 이해될 수 있다(장인협 · 우국희, 2001).

클라이언트의 원활한 사회복귀를 위해서는 생활 전반에 거쳐 포괄적인 서비스가 제공되어야 하는데, 기존의 서비스는 한정된 범위에서 제공되었기 때문에 문제가 되었다. 특히 연계성 부족이 문제가 되면서 서비스의 단편화, 분절화, 서비스 중복에 대한 점검 필요성이 대두되었고, 이와 같이 복잡하고 분산된 서비스 체계를 통합 연계하기 위해 사례관리가 필요하게 된 것이다.

3) 복합적인 욕구를 가진 대상자의 증가

현대 사회는 정신지체나 정신질환, 신체장애나 심각한 의료적 문제, 심리 · 정서적 문제 등으로 인해 복합적 욕구를 지닌 여러 유형의 클라이언트가 증가하게 되었다. 이들은 자신의 욕구를 채워줄 수 있는 지원체계가 확립되어 있지 않으면 지역에서 독립적인 생활을 영위할 수 없다. 그리고 한 기관이나 한 가지의 단일 서비스만으로는 이들의 복합적인 욕구에 효과적으로 대응할 수도 없다. 예를 들어, 경제적으로 곤란하여 적절한 치료를 받지 못하는 노인이나, 정신지체로 인해 사회생활을 독립적으로 영위하기 힘든 클라이언트의 경우 그들의 복합적인 욕구에 대응하기 위해서는 여러 기관의 다양한 서비스가 지속적으로 필요하다. 따라서 지역사회에서 클라이언트가 필요로 하는 서비스를 조직화하고 통합하여 상호 연계가 이루어지도록 하기 위해서 사례관리가 등장하게 되었다.

4) 지방분권화에 따른 지역사회의 책무성 증가

1975년 미국의 사회보장법 개정으로 연방정부와 주정부 그리고 지방정부 간의 책임분담이 새롭게 설정되었고, 1980년대부터 신보수주의를 표방하는 레이건 행정부가 등장하면서 휴먼서비스 전달체계가 중앙정부에서 지방정부로 이전되었다(설진화, 2011). 이러한 정책의 변화는 지역사회 차원에서 서비스 간 통합을 위한 장치나 서비스 사이에 조정 장치를 갖추지 못한 채 이루어졌기 때문에 클라이언트와 가족의 입장에서는 지역사회 수준에서 서비스를 이용하기가 어렵게 되어 엄청난 부담으로 작용했으며, 어디서 어떤 서비스를 받을 수 있을지 극심한 혼란을 초래하였다(권진숙·박지영, 2015). 따라서 사례관리자가 소속된 기관의 범위를 초월하여 클라이언트를 위한 지역사회 서비스를 조직화하고 통합적으로 관리하는 요원이 필요하게 되었다. 이와 같이 지방분권화에 따른 지역사회의 책무가 증가하면서 지역사회 내의 효율적인 자원 활용과 지지체계의 개발이 강조되었으며, 이를 현실적으로 가능하게 하는 사례관리방법에 대한 관심이 증가하였다.

5) 서비스 비용의 효과성에 대한 인식 증가

1970년대 서구의 선진 자본주의 국가의 재정위기는 정부의 공공지출 규모에 대한 우려를 낳았으며 공공지출의 삭감을 통한 정부 역할의 축소를 가져왔다. 이에 각국은 국가의 지출 규모를 줄이기 위해 보건정책과 사회적 서비스 정책의 방향을 전환해야 하는 시점에 놓이게 되었으며, 그 결과 지역사회보호가 공식적인 정책과제로 대두되었다.

사회적 서비스에 대해서는 어느 시대, 어느 국가를 막론하고 자원의 부족 문제와 그로 인한 서비스의 효과성에 대한 문제 제기가 항상 중요한 쟁점으로 부각되어 왔다. 사회복지서비스에 있어서 비용의 효과성에 대한 인식의 증가는 결핍된 자원 내에서 서비스의 효과를 최대화하려는 측면과 서비스 전달에 소요되는 비용을 억제함을 의미한다. 이는 사회복지에 대한 국가 부담의 일부를 민간 부문으로 이양할 수 있는 공식적 근거를 마련해 주었고, 사회복지서비스의 효과성과 책임성에 기초하여 서비스의 중복을 모니터링하고 서비스 계획을 관리하며, 서비스 전달의 효과성을 최대화할 수 있는 사례관리가 필요하도록 하였다.

더욱이 제한된 자원 내에서 서비스 전달의 효과를 최대화해야 하는 대인서비스의 궁극적 목적과 동시에 공공영역에서도 대인서비스 전달의 결과가 같은 수준이라고 가정할 때, 가능한 한 최소한의 비용으로 자원의 무한정한 투입을 억제하려는 공공영역에서의 경영학적 관심과 평가가 중요시되면서 비롯되었다. 이에 따라 서비스 간에 중복을 피하고 비용효과를 높이는 전문기술이 필요하였으며, 이는 사례관리의 확산에 크게 일조하였다.

6) 사회적 지원체계와 관계망의 중요성에 대한 인식 증가

경제적 성장에 기초하여 복지국가를 추구해왔던 서구 여러 나라에서는 1970년대 이후 석유가격의 폭등 등으로 인해 지속적인 경제성장의 기반이 무너지고 복지국가 위기론이 등장하였다. 이로 인해 그동안 지속해오던 방식과는 다른 형태의 정치, 경제적 대응과 함께 사회정책에도 변화가 불가피하였다. 복지와 관련해서는 복지다원주의 혹은 혼합복지가 등장하였고 공적 서비스를 비공식 서비스로 대체하려는 움직임도 나타났다. 즉, 복지는 중앙정부뿐만 아니라 사회 전체의 노력으로 달성해야 한다는 입장과 비공식 지원체계 및 관계망에 대한 인식이 새롭게 대두되었다. 지역사회에 존재하는 가족, 친구, 친척, 이웃 등은 클라이언트의 삶의 질을 높이기 위한 의미 있는 지원체계이자 관계망이라는 사실이 다양한 시범사업을 통해 확인되고 확산되었다.

그러나 중요한 점은 이러한 비공식적 지원체계만 의존하여 클라이언트 문제나 욕구를 해결할 수 없으며, 공적 지원체계가 주축이 되어 비공식적 지원체계를 통합하는 접근이 필요하다. 이런 측면에서 사례관리는 공식적 지원체계 외에도 다양한 사회적 지원체계와 관계망을 조정하고 통합하는 실천방법으로 주목을 받게 되었다.

제2절 사례관리의 발전과정

1. 사례관리의 발전과정

사례관리의 발전과정을 미국, 영국, 우리나라의 발달과정으로 구분하여 살펴보고자 한다. 구체적인 내용은 다음과 같다(강흥구, 2016; 박미은, 2019).

1) 미국의 사례관리 발달과정

초기 미국의 사례관리는 영국, 유럽, 호주와는 달리 사회사업과 간호영역에서 기원하였다. 공공대인서비스를 조정하기 위한 노력이 1863년 메사추세츠 자선위원회 활동에서 구체화되었으며, 자선에서 협조를 증진하는 사례조정이 1880년대 후반 인보관운동과 자선조직협회 활동을 통하여 욕구를 발견하고 촉진하는 방법으로 구체화되었다(Gursansky, et al., 2003). 또한 초창기 인보관에서는 클라이언트 및 가족의 문제를 심리사회적 관점에서 사례회의를 실시하고 직접적인 상담뿐 아니라 필요한 서비스를 개발, 중재하거나 클라이언트를 옹호하는 일을 수행하였다. 이는 최근 사례관리의 의미로 볼 때 서비스 연계, 조정, 옹호 등의 간접적 서비스에 해당한다. 이후 1887년 자선조직협회는 다양한 자선단체들이 서비스 중복을 방지하고 자원을 효율적으로 활용하기 위해 자선단체들의 구체활동을 조정하였다. 그리고 클라이언트가 서비스에 쉽게 접근하여 이용할 수 있도록 중재자와 옹호자의 역할을 수행하였다. 이러한 역할은 중재, 옹호, 서비스와 자원 조정을 통해 클라이언트의 기능을 향상시키는 사례관리의 기능과 유사하다고 볼 수 있다.

여기서 인보관 운동과 자선조직협회에 관한 내용을 자세히 살펴보면 다음과 같다(서보준 외, 2020).

(1) 인보관운동

인보관운동(settlement movement)은 도시지역의 빈곤문제에 대처하기 위한 노력의 사회활동의 일환으로 전개된 것이다. 인구의 도시집중화 현상으로 빈민 밀집주거지역이 생겨나 새로운 도시문제의 하나로 대두되었다.

도시빈민의 문제를 해결하기 위하여 의식 있는 사회지도층 인사와 대학생들이 중심이 되어 빈민들의 주거지역을 실제로 조사하여 그 실태를 파악하고, 이에 따라 실제적으로 구빈활동을 하기 위하여 빈민들의 지역에 이주하여 빈곤자와 함께 생활하며 문맹퇴치 등 교육사업, 지역주민과 아동을 위한 보건교육, 취업과 관련된 기술교육, 성인 교육사업 등을 전개하였다. 인보관운동은 1884년 영국 런던에 세워진 토인비홀로 시작되어, 1887년 뉴욕 근린조합(Neighborhood), 1889년 시카고 헐 하우스 등으로 이어졌다(남일재 외, 2007).

토인비 홀의 설립 목적은 다음과 같다.

첫째, 지역에 거주하고 있는 빈곤자들에게 교육과 문화적인 활동을 향상시키는 것이다.

둘째, 인보관에서 활동하고 있는 대학생 자원봉사자들에게 빈곤자들의 상황과 사회개량의 필요성을 알리는 것이다.

셋째, 사회문제, 보건문제 그리고 사회입법에 관하여 일반지역주민과 사회에 관심을 높이는 것이다.

이처럼 인보관운동은 사회업의 방법적인 면에서 집단별로 필요한 교육을 위하여 집단을 활용한 다양한 프로그램을 전개하였다는 점에서 집단사회사업의 발전에 상당한 영향을 미친 것으로 평가되며, 지역사회 문제를 직접 확인하고 생활하면서 서비스를 전개하였고, 이를 위한 시설을 운영한다는 점에서 현재의 지역사회복지관의 모체라 할 수 있으며 지역사회복지의 발전에 기여한 것으로 평가된다.

〈표 2-1〉 인보관운동과 자선조집협회의 비교

구 분	COS(자선조직협회)	인보관운동
사회문제의 원인	개인적인 속성	환경적인 요소
이데올로기	사회진화론	자유주의, 급진주의
참여자	상류층	중산층
사회문제 접근방법	빈민개조, 역기능적인 면 수정	빈민과 함께 거주, 동정 사회비판
해결책	실용주의적	정해진 방안은 없고, 실현 가능하며 효과적인 해답 마련
역점 분야	기관들의 서비스 조정	서비스 제공(유치원, 오락, 학교 등)
성 격	사회질서 유지 강조	사회의 개혁적인 면을 강조, 참여민주주의와 교육 강조

출처 : 서보준 외(2020).

(2) 자선조직협회(COS : Charity Organization Society)

1860년대의 영국은 산업혁명 이후 한 세기를 지나면서 비롯된 자유방임적 자본주의의 폐해와 함께 흉작과 전염병 등이 겹치면서 만연하게 된 빈곤문제로 어려움을 겪고 있었다. 따라서 빈곤의 원인에 대한 현실적 접근과 수많은 민간자선활동단체 상호 간의 조정 및 구빈행정의 역할분담 등이 필요하다는 인식과 주장들이 대두하면서 지역단위의 조직적 자선을 위한 움직임이 나타나게 되었다. 이와 관련하여 영국에서는 1869년 자선조직협회(COS : Charity Organization Society)가 발족되었다.

자선조직협회의 목적은 다음과 같다.

첫째, 구제 대상자들을 해당 자선단체에 등록시켜 자선단체로부터 중복적 구제를 받으려는 직업적인 클라이언트를 방지하는 것이다.

둘째, 자선단체 상호 간의 업무연락을 통한 연계협력체계를 구축하는 것이다.

셋째, 구제자원과 피구제자의 합리적인 조절과 효과를 제고시키는 것이다.

자선조직협회의 기본원칙은 신청주의에 의한 조사, 중앙 등록국의 설치, 지역사회 내의 모든 원조기관의 협조, 자발적 우호적인 방문사업을 실시하는 것이다. 자원봉사자인 우애방문원(friendly visitors)은 빈곤한 가구를 방문하여 빈곤의 원인을 조사하여 판단하고 분류하는 활동을 하였으며, 도덕적 문제를 가진 빈민들에 대한 상담을 통하여 이들을 감화시키는 일도 우애방문원들의 일이었다. 후에 우애방문원의 활동이 체계적 교육과 훈련과정을 거쳐 전문적 사회사업인 개별 사회사업으로 발전하게 되었다. 그리고 지역단위의 자선활동의 조직화와 조정활동은 지역사회조직의 모태가 되었으며, 우애방문원들의 빈곤가정조사는 사회사업조사의 발전에 기여하였다(김형수 외, 2011).

이후 1901년에 Mary Richmond는 클라이언트의 복합적 욕구를 위해 서비스 기관의 협력과 조정이 필요하다는 점을 지적하면서 초기 사례관리를 개념화하고 사례관리 모형을 개발하였다. 그리고 체계적 정보수집, 자원봉사자 훈련, 다학문적 분야의 전문가 협력, 서비스에 대한 이해와 사례회의의 실시를 강조하였다(Weil & Karls, 1985). 1960년대에는 시민운동과 빈곤과의 전쟁으로 서비스에 대한 권리의식이 증대되어 클라이언트가 적극적 서비스 소비자로 변화하였고, 클라이언트에 대한 중개와 옹호의 역할이 커지게 되었다.

이후 1973년 제정된 재활법과 1986년 개정 입법은 중증장애인에 대한 서비스를 제공할 때 오늘날 사례관리의 주요 원칙 중의 하나인 클라이언트의 참여를 명문으로 규정하였다(Rubin & Roessler, 2001).

1975년에 제정된 장애아동복지 및 교육법은 사례관리 과정에서 아동을 서비스 고객으로 명문화하여 문제의 규정, 욕구의 사정, 서비스의 형태 결정 등의 전 과정에서 클라이언트가 참여하고 관여하도록 규정하였다.

1988년 가족지원법이 통과되어 미국 공공부조 프로그램인 AFDC 수혜 가족의 경제적 자립을 도모하기 위해 서비스 대상자는 사례관리를 받도록 의무화함으로써 사례관리자는 새롭게 법적 지위를 인정받게 되었다.

1966년 AFDC는 개인책임 및 근로기회법(Personal Responsibility and Work Opportunity Act)으로 대체되었는데 근로능력이 있고 부양 아동이 있는 젊은 여성들은 2년 동안 직업능력과 교육을 받으면서 구직활동을 하는 과정에서 사례관리자와 공동으로 직업 활동 계획을 세우고 서비스를 조정받도록 규정하였다. 따라서 이러한 근로연계복지프로그램에서 공공부조 수혜자들이 자립할 수 있도록 서비스를 계획하고 조정하는 사례관리의 기능이 핵심적인 요소로 작용하게 되었다.

2) 영국의 사례관리 발달과정

영국은 1959년 정신보건법을 제정하여 병원입원을 줄이고 지역사회시설을 활성화하고자 하는 노력을 기울였다. 지역사회에 대한 관심이 높아지던 1968년 지역사회보호의 시발점이 된 시봄위원회 보고서가 제출되었다. 이 보고서는 단편적으로 이루어지고 있는 사회서비스의 체계화 및 통합화의 필요성을 언급하였다. 영국정부는 이 보고서를 토대로 1970년에 지방자치단체의 사회서비스법을 제정하였고, 사회복지서비스를 통합하는 사회서비스부를 자치단체에 신설하였다(양정남 외, 2011). 그러나 정부 중심의 지역사회 보호는 1970년대 경제 불황으로 큰 변화를 겪었다. 국민보건서비스(NHS)의 의료비용 삭감과 다양한 욕구를 지닌 대상자들의 증가로 NHS와 자치단체의 연대를 모색해야 했다. 경제 불황에 의한 비용 삭감으로 서비스 비용이 줄어들면서 지역사회보호의 중요성이 강조되었음에도 불구하고 서비스 간 조정이 제대로 이루어지지 않아 통합적인 서비스가 제공되지 못하는 실정이었다(Bauld, 2000, 양정남 외, 2011 재인용).

이와 같은 문제를 해결하기 위해 1988년 Griffith가 지역사회보호의 개혁방안을 담은 「지역사회보호 : 행동을 위한 지침」을 제안하였는데(양정남 외, 2011), 영국 사례관리의 발달은 이 보고서에 기원한다고 볼 수 있다(김미숙 외, 2011). 이 보고서는 사회서비스부가 모든 서비스를 책임지고 제공할 필요는 없다는 것과 케어의 혼합경제를 강조했다. 그럼에도 그 주도적 역할은 여전히 사회서비스부가 담당해야 한다고 하면서 사회서비스부는 직접적 서비스를 제공하기보다는 서비스를 디자인하고 조직하며 구입하는 역할에 더 비중을 두어야 한다고 제안했다. 또한 그리피스 보고서에 대한 정부의 공식적 반응은 1989년 백서 「Garing for people」와 그 뒤를 이은 케어법(NHS & Community Care Act, 1990) 제정으로 나타났다. 이 법의 통과는 지난 20여 년 동안 전개되어 왔던 지역사회보호 정책의 새로운 출발을 의미했다. 초기 지역사회보호정책은 대규모시설은 폐쇄하되 지역사회 내에 소규모 시설들을 확충하는 방향에 맞춰져 있었다. 즉, 대규모 공공시설의 감소를 보충하기 위해 소규모 민간 시설의 확충을 유도했었으나 이 법은 시설이 아닌 그들 자신의 집에서 살 수 있도록 재가서비스의 발달을 촉진시키는 방향으로의 전환을 의미했으며, 이러한 목표의 설정으로 1990년대 지역사회보호의 구조에 거대한 변화가 일어났다.

또한 백서에는 최초로 사례관리라는 용어가 등장하였는데 "적절한 욕구사정과 사례관리가 질적인 보호의 초석이 되도록 한다"라고 명시되어 있다. 지역사회보호법이 제정되기 전에는 가정봉사자, 식사 서비스 제공자, 사회복지사 등 다양한 지역사회보호 제공자가 존재했으며, 이들은 각각 다른 상위기관에 업무를 보고하는 시스템으로 운영되고 있었다. 그 결과 한 개인을 위한 서비스가 체계적으로 조직되거나 통제되지 않아 일관성 있는 서비스 패키지를 제공할 수 없다는 것이 큰 문제점으로 대두되었는데, 지역사회보호법은 이러한 문제점을 개선하기 위해 사례관리자를 별도로 두어 지역사회보호 서비스를 효과적으로 조정할 수 있는 역할을 수행하도록 하였다.

특히 구입자로서의 역할은 예산을 직접 통제할 수 있는 권한이 사례관리자에게 부여됨을 의미하는 것이었다. 예산을 재량껏 활용할 수 있게 된 사례관리자들은 개인들의 욕구에 보다 잘 맞는 서비스 패키지에 연결시켜 줄 수 있게 되었다.

3) 한국의 사례관리 발달과정

우리나라의 사례관리는 1990년대 사회복지학과 및 간호학 분야에서 관심을 가지기 시작하였다(박춘숙 외, 2011; 장인협 · 우국희, 2001). 이 시기는 우리나라 사회복지의 방향이 시설보호에서 지역사회복지 중심으로 전환되고 1993년에 노인복지법이 개정되면서 재가복지가 사회복지의 한 분야로 자리잡게 되었다. 이에 따라 지역사회 다양한 기관에서 재가복지서비스가 본격적으로 제공되면서 사회복지 학자들과 실천가들은 사례관리를 이 분야의 중요한 실천방법으로 인식하기 시작하였다. 나아가 사회복지 전반에 걸쳐 지역 중심의 서비스 전달체계 및 지역사회 보호가 자리를 잡게 되고 사회복지제도와 실천에서 클라이언트의 욕구와 권리를 중시하는 경향이 강조되었다. 이런 맥락에서 우리 사회의 취약계층인 장애인, 노인, 아동 및 청소년, 자활, 빈곤가정을 대상으로 사례관리가 시도된 것은 매우 자연스러운 현상이다. 이런 움직임은 지방화 시대에 복합적이고 만성적인 욕구가 있는 서비스 이용자들에게 개별화된 맞춤형 서비스를 제공함으로써 서비스의 만족도를 높이고 비용의 효과성을 제고하는 측면에서 긍정적으로 평가된다. 특히 정신보건 분야에서는 정신보건법이

1995년 제정되고 1997년 초부터 시행되면서 그 법에 규정된 사례관리 업무가 지역사회 정신보건사업의 필수사업으로 자리매김하게 되었다. 또한 사회복지의 대표적인 일차현장인 사회복지관의 경우에는 한부모가정이나 소년소녀가정세대, 그리고 재가복지 대상자로서 장애인이나 독거노인을 대상으로 한 사례관리가 활발히 전개되기 시작하였다. 또한 2007년부터는 정부가 직접 나서서 주민생활지원서비스에 공공사례관리를 포함시켜 그 제도적 기반을 마련하였고, 그 실례로 보건복지부가 사례관리 사업안내(2010)를 만들어 배포하는 등 공공 차원에서 맞춤형 사례관리를 시도하고 있다. 이후 2012년 희망복지지원단에 의한 통합사례관리 실시와 2014년 읍·면·동의 복지기능 강화 시범사업도 실시하고 있다.

(1) 한국의 사례관리 활성화 배경

현대 사회에서 사례관리의 중요성이 점점 더 강조되고 활성화되고 있는 배경에 대해 구체적으로 살펴보면 다음과 같다(최선희·정재연, 2020).

① 사회복지실천 서비스의 효과성과 효율성에 대한 문제의식

초기 사례관리는 다양한 욕구에 대한 각각의 특정 사회복지실천이나 서비스의 대응에도 불구하고 대상자의 삶의 질이나 복지에 별다른 성과가 나타나지 못하고 있다는 인식을 주고 있었다. 따라서 문제나 개별 욕구 중심에서 클라이언트 개인, 가족의 전체적인 삶에 초점을 맞추어야 한다는 인식이 나타나게 된 것이다.

② 현대 사회의 개인과 가족의 욕구와 문제의 특성

현대 사회의 개인과 가족의 욕구와 문제는 복합적·지속적 성격을 띠고 있다. 따라서 이러한 욕구와 문제에 대응하기 위해 복합적 욕구와 문제에 지속적으로 대응하는 사례관리의 방법이 요구된 것이다.

③ 사례관리의 확장성

사례관리는 현대 사회의 개인과 가족의 욕구와 문제의 특성과도 연결되는 것이다. 처음 사례관리는 정신장애인에 대한 보건의료 분야에서의 재가서비스적인 접근과

장애인과 노인의 돌봄 재가서비스적 접근으로부터 시작되었다. 이러한 사례관리는 특정 욕구와 문제가 아닌 클라이언트의 전체적인 삶을 통합적으로 살펴보고 접근하는 것으로 발전하였는데, 이와 같은 사례관리 접근방법은 부부갈등, 이혼, 아동문제, 알코올 중독 및 가정폭력 등 특정 욕구와 문제에 접근할 때도 관련된 욕구와 문제를 통합적으로 다루어 주는 것이 효과적이라는 인식이 높아지면서 확대 적용하게 되었다.

④ 사례관리가 발전하기 용이한 사회복지관의 시스템

사례관리는 필요한 서비스를 연계해 주는 것이 매우 중요한 접근방법이다. 한국의 사회복지관은 다양한 서비스를 운영하기 때문에 자체적으로 연결해 줄 수 있는 서비스가 매우 많다. 또한 다양한 대상에게 서비스를 하기 때문에 대상별 전문사회복지관들과 연계를 가지고 있고, 서비스별로도 기관들과 연계체계를 갖추고 있다. 사례관리가 매우 용이하게 자리 잡을 수 있는 환경과 여건을 가지고 있는 것이다. 따라서 공공부문에서도 민간부문의 사례관리 파트너로서 지역의 사회복지관을 상정하고 있고, 사회복지관은 민간사례관리 전달체계에서 중핵기관으로서의 역할을 수행하고 있다.

❙ 참고문헌 ❙

권진숙 · 박지영(2015). 사례관리의 이론과 실제. 학지사.

김미숙 외(2011). 선진국의 아동 사례관리체계 비교 연구 : 영국, 미국, 뉴질랜드를 중심으로. 한국보건사회연구원.

김형수 외(2011). 사회복지개론. 정민사.

남일재 외(2007). 사회복지개론. 학현사.

박춘숙 외(2011). 국내 사례관리 개념논쟁에 관한 소고. 한남대학교 사회과학연구소, 20(2), 1-16.

서보준 외(2020). 사회복지학개론. 지식공동체.

설진화(2011). 사례관리론. 양서원.

양정남 외(2011). 사례관리. 양서원.

엄명용 외(2006). 사회복지실천의 이해. 학지사.

이준우(2009). 사회복지실천기술론. 파란마음.

______(2012). 장애인복지정책과 실천. 나남출판.

장인협 · 우국희(2001). 케어 · 케이스 매니지먼트. 서울대학교출판부.

정순둘(2005). 사례관리실천의 이해–한국적 경험. 학지사.

Harris, M., & Bergman, H. C.(1987). Capitation for the chronically mentally ill. *Hospital and Community Psychiatry, 39*, 68-72.

Gursansky, D., Harvey, J., & Kennedy, R.(2003). *Case Management*. New York : Columbia University Press.

Rubin, S. E., & Roessler, R. T.(2001). *Vocational Rehabilitation Process*. Austin, TX : PRO-ED.

Weil, M., & Karls, J. M.(1985). *Case Management in Human Service Practice*. San Francisco : Jossey-Bass Publishers.

CHAPTER 03

사례관리의 구성요소 및 가치와 윤리

제1절 사례관리의 구성요소

제2절 사례관리의 가치와 윤리

CHAPTER 03

사례관리의 구성요소 및 가치와 윤리

제1절 사례관리의 구성요소

1. 사례관리의 주요 대상

1) 클라이언트

사례관리의 클라이언트는 복합적인 문제와 욕구를 가지고 있으면서 이를 스스로 충족시키거나 해결하지 못하여 원조를 필요로 하는 대상자를 말한다. 이들은 대개 지역사회 내에서 그들이 필요로 하는 사회자원체계의 존재를 알지 못하거나, 사회자원체계와의 접근을 어려워하거나 이용 방법을 모르는 사람들이다(서보준 외, 2020).

사례관리 대상자라 해서 반드시 교육 수준이 낮거나 소득이 낮은 것은 아니다. 하지만 일반적으로 저학력과 저소득층이 많은 것이 사실이다. 이러한 사람들을 좀 더 깊게 살펴보면 다음과 같은 특징이 있다(김성천 외, 2021).

- 자신의 욕구를 충족할 수 있는 능력이 부족하다.
- 자신의 욕구 충족을 위한 자원의 존재를 모르거나 이용 방법을 모른다.
- 많은 경우 만성질환이 있다.
- 신체적 · 정신적으로 어려움을 겪었거나 겪고 있다.
- 자신을 보호할 보호자(가족 등)가 없으며 있다 하더라도 보호 능력이 부족하다.

2) 노인

사례관리 대상자 중 사례관리를 가장 필요로 하는 대상은 바로 노인이다. 현대 의학의 발달로 평균수명이 연장되면서 고령인구가 증가하고 있는데, 보다 중요한 것은 우리나라가 2017년 고령사회에 진입하였다는 것이다. UN에서는 65세 이상 노인인구가 전체 인구의 7% 이상을 차지할 때 고령화 사회, 14% 이상이면 고령사회, 20% 이상이면 초고령화 사회로 분류한다. 1960년 65세 이상의 노인인구는 불과 72만 6천 명(전체 인구의 2.9%)이었는데, 2000년에는 339만 명(7.2%)으로 고령화 사회에 진입하였다(통계청, 2011). 2019년 기준 우리나라 전체 인구는 5,170만 9천 명으로 2028년까지 계속 증가 후 감소하는 반면, 65세 이상 인구는 768만 5천 명으로 2050년(1,900만 7천 명)까지 지속적으로 증가할 전망이다. 또한 연령별로 살펴보면, 65세 이상 인구 중 65~69세와 70~74세가 차지하는 구성비는 2019년 이후 증가하다 감소하는 반면, 75세 이상의 구성비는 증가 추세이다(통계청, 2019). 즉, 노인인구의 증가는 건강하고 활동적인 노인층의 증가를 가져오기도 하지만, 병약하고 경제적으로 의존적인 노인인구의 증가를 가져왔다.

우리나라의 경우 2011년 실태조사에서 노인의 88.5%가 만성질환을 가지고 있고, 만성질환이 2개 이상인 만성 복합질환자는 68.3%, 3개 이상 비율도 44.3%로 나타났다(정경희 외, 2012). 그리고 노인은 청년에 비하여 유병률이 2~3배 이상이 되며, 고혈압, 관절염, 당뇨병, 요통 및 신경통, 골다공증, 고지혈증, 협심증, 심근경색증, 백내장, 뇌졸중, 요실금, 천식, 빈혈, 갑상선질환, 만성기관지염 등을 가지고 있다(정경희 외, 2017). 따라서 만성질환과 합병증 현상으로 빈번한 의료진료가 필요한데, 노인질병의 진료는 고액진료가 많기 때문에 의료보험이나 의료보호의 제도적 뒷받침 없이 개인이 일시에 진료비를 부담하는 일은 상당히 어렵다.

특히 한국사회는 매우 짧은 기간에 도시화와 핵가족화가 동시에 진행되어서 노년세대와 중년세대가 서로 다른 생활권에서 사는 경우가 많기 때문에 아픈 노인을 위한 가족의 보호가 일상적으로 이루어지기 어렵다. 이 때문에 혼자 신변처리를 하지 못하는 노인의 보호문제, 특히 치매노인의 보호문제는 심각한 사회문제가 되고 있다(서보준 외, 2020).

정신질환의 일종인 치매는 빠른 속도로 증가하고 있다. 2018년 우리나라 65세 이상 노인인구 중 약 75만 명이 치매를 앓고 있는 것으로 추정된다. 또한 65세 이상 노인의 치매 유병률은 2018년 10.2% 2020년 10.3%, 2030년 10.6%, 2040년 12.7%, 2050년 16.1%로 갈수록 급증할 것으로 추정된다.

미국의 경우 85세 이상 인구에서 치매 발병률이 50% 이상으로 조사되기도 했으며, 일본의 경우 연령이 5세 증가할 때마다 치매노인의 비율이 약 2배 증가하는 것을 보여주는 조사결과도 있다.

오늘날 핵가족화, 여성의 취업 증가와 더불어 독거노인 및 노인부부 가구가 증가하고 있어 노인을 케어하는 데 사회문제가 되고 있다. 나아가 노인성 질환 및 장애를 갖는 노인 인구수의 증가는 노인 자신만의 문제가 아닌 가족과 지역사회의 문제로 확대되고 있어 이에 대한 대책 마련이 필요하다.

따라서 심신이 병약하고 경제적으로 빈곤에 처하기 쉬운 노인들은 사례관리에서 가장 주된 대상이라 해도 과언이 아니다. 복합적 · 만성적 · 기능적 손상을 가진 노인은 사례관리의 선형적인 클라이언트 집단으로 인식되고 있다(우국희, 2016). 또한 정보와 인식능력의 부족, 의존성 증가, 사회경제적 역할상실, 자기보호 능력의 상실, 일상생활 기능 수준의 저하 등으로 인하여 자신들의 욕구를 충족시키거나 문제를 해결하지 못하는 경우가 상당히 많다. 이에 건강 관련 서비스 및 기타 사회서비스를 지원할 수 있는 노인 사례관리가 필요하다.

3) 장애인

장애인이란 신체적 · 정신적 장애로 인하여 장기간에 걸쳐 일상생활 또는 사회생활에 상당한 제약을 받는 자로서 대통령이 정하는 장애의 종류 및 기준에 해당하는 자로 정의하고 있다. 1999년 개정된 우리나라 장애인복지법에 따라 2000년 1월부터 시행된 장애인복지법 시행령에 의해서 지체장애, 시각장애, 청각장애, 언어장애, 정신지체 등의 대표적인 장애에 뇌병변장애, 심장장애, 신장장애, 발달장애, 정신장애 등을 추가로 포함하게 되었다.

2018년 12월 말 기준 등록 장애인 수는 2,585,876명으로 지체장애인이 1,238,532명으로 전체의 47.9%를 차지하고 있다. 그 다음으로 청각장애인 13.2%, 뇌병변장애인 9.8%, 시각장애인 9.8%, 지적장애인 8.0%, 정신장애인 3.9%, 신장장애인 3.4%, 자폐성 장애인 1.0%, 언어장애인 0.8%, 장루 · 요루장애인 0.6%, 간장애인 0.5%, 호흡기장애인 0.5%, 뇌전증장애인 0.3%, 심장장애인 0.2%, 안면장애인 0.1% 순으로 조사되었다(통계청, 2019).

2019년 말 기준 우리나라의 인구가 51,850천 명이므로 정신장애인은 약 1,120천 명 정도가 될 것으로 추정하고 있다. 그중에서 장기간 보호가 필요한 만성 정신장애인은 전체 인구의 0.3%인 156천 명 정도로 추정할 수 있다.

이처럼 과거와 달리 현대 사회는 질환 및 교통사고 등으로 인해 후천적 장애가 지속적으로 증가하고 있다.

또한 장애인 경제활동 참가율이 비교적 낮아 장애인 가구의 2017년 월평균 소득은 2,421천 원으로 전국 가구의 월평균소득 3,617천 원의 66.9%에 해당하며, 전체 장애인의 39.5%가 월 평균소득 150만 원 미만이었다. 장애인의 17.7%가 현재 자신의 장애를 치료받지 못하고 있을 뿐만 아니라 신체적 · 정신적 결함으로 일상생활에서 타인의 도움을 필요로 하는 장애인은 전체의 34.2%이지만 그중에서 16.7%가 타인의 도움을 받지 못하고 있다(김성희 외, 2018). 그 밖에 장애인의 주거환경이 매우 열악하고 외출 등 집 밖에서 활동 시 어려움이 있을 뿐만 아니라 문화 및 여가 활동이 부족하며, 지역사회생활 및 조직생활 등에서 사회적 차별대우를 경험하고 있다(이근홍, 2020).

따라서 정부를 비롯한 지역사회에 거주하는 장애인의 성공적인 삶을 영위하기 위해서는 장애인들에게 필요한 치료 · 재활서비스와 교육 및 직업훈련, 사회적응 등의 다양한 서비스가 복합적으로 제공되어야 할 것이다. 즉, 장애인에게 사례관리가 그만큼 필요하다고 볼 수 있을 것이다.

4) 요보호아동

아동이란 생물학적 측면에서 보면 출생 이후 신체적 성숙이 완성되는 기간 사이의 생애주기 내에 있는 연령층 집단을 의미하기도 한다(서보준 외, 2017). 그중에서도 요보호아동은 부모의 이혼 및 별거 등으로 인한 가족해체, 빈곤가족, 다문화가족, 아동학대, 취업모, 각종 사고와 재해로 인해 요보호아동의 발생이 증가하고 있다.

우리나라 혼인 대비 이혼율은 1980년에는 4.3%, 1990년에는 10.7% 정도였지만 1997년 IMF 이후부터 급속히 증가하여 2000년에는 36.0%, 2010년에는 35.8%, 2018년에는 42.2%로 증가하고 있다(통계청, 2019). 이혼과 더불어 일반가정에서 보호받을 수 없는 아동들은 부모의 곁을 떠나 위탁가정에서 생활하고 있다. 즉, 가정위탁 아동은 2018년 12월 기준 9,575세대로 11,983명이다. 이들은 유기된 아동 320명, 미혼부모 출생 아동 623명, 비행 · 가출 · 부랑 아동 231명, 피학대 아동 1,415명 등이 발생하였다.

또한 아동보호전문기관(2019)에 따르면 학대받는 아동의 수는 2001년에 2,105건이었던 것이 2006년에는 5,202건, 2011년에는 6,058건, 2018년에는 24,604건으로 매년 증가하고 있어 아동의 보호가 필요함을 보여주고 있다.

이처럼 오늘날 현대 사회의 아동들은 이혼가정으로 인해 가족해체 및 실직, 가정위탁가정 및 학대 등으로 아동양육을 저해하는 빈곤가정이 급증하고 있어 사회적으로 심각한 수준에 이르고 있다. 특히 아동빈곤은 아동의 학업중단율과 10대 자살률 및 임신, 비행, 알코올 중독 등과 상관성이 높을 뿐만 아니라 이와 같은 성장 과정은 성인이 된 이후에도 적절한 생산성을 유지하지 못하고 실업에 처할 위험성을 높일 수 있다(구인회, 2003, 김미숙 · 배화옥, 2007 재인용).

아동들은 의존성이 강하지만 일반가정에서 양육되지 못하여 다른 환경에서 성장하는 아동들은 의존성이 더 강할 수밖에 없다. 그러므로 아동들이 건강하게 성장하고 발달하기 위해서는 타인의 사랑과 관심이 필요할 뿐만 아니라 적극적인 보호가 이루어져야 한다. 나아가 성장 단계에 필요한 지식과 기술, 가치관 확립, 행동 방식 등에 관한 학습의 기회도 제공되어야 한다.

따라서 우리나라도 빈곤가정 아동에 대한 사회적 투자 가치의 중요성을 강조하면서 아동들에게 성장의 기회를 제공하고 빈곤가정의 사회통합에 기여하는 등 미래적 가치 창출을 가능하게 한다는 측면에서 취약가정의 아동과 그 가족에 초점을 둔 통합사례관리, 즉 드림스타트 사업이 수행되고 있다. 드림스타트 사업은 임산부와 만 12세 이하 취약계층 아동 및 그 가족의 복합적인 욕구를 파악하여 보건, 복지, 보호, 교육 등 다양한 자원과 서비스를 종합적으로 지원 및 연계하는 맞춤형, 사전예방적 지원사업이다(우국희, 2016).

5) 다문화가정

최근 한국사회는 이주노동자, 결혼 이민자, 난민, 탈북자, 귀국한 재외동포와 더불어 산업 연수생 및 외국인 근로자 등의 다양한 배경을 가진 사람들이 증가하고 있다(조미령, 2009). 이러한 현상은 단일민족의 폐쇄적 순혈주의를 자부해 온 단일국가 사회가 아닌 다문화사회(multi-cultural social)로 빠르게 진입하게 되면서 우리나라에 급속한 변화를 가져왔다(이무영, 2010).

한국사회에서 민족적, 문화적 다양성이 본격적으로 시작한 것은 1980년대 후반부터이다. 특히 1980년대 후반 가정연합의 주선으로 국제결혼이 일반인에게 많이 알려졌다(통계청, 2007). 또한 1994년 외국인 산업연수생제도를 통해 이주노동자가 국내로 끊임없이 유입되기 시작했으며(행정안전부, 2009), 국제결혼이 사회적으로 널리 받아들여진 것은 1990년대 중반 이후부터로, 한국인 남성과 외국인 여성 간의 결혼을 중심으로 현저히 증가하게 되었다(이정용, 2012). 국제결혼에 의한 외국인 여성의 유입이 급증하고 있는 이유는 농어촌 및 산업공단 중심으로 거주하고 있는 남성들의 결혼의 어려움(박경동, 2007; 여수경, 2005), 우리사회의 뿌리 깊은 남아선호사상으로 인한 남녀성비 불균형(원지영, 2010), 여성 사회진출 확대에 의한 결혼기피(조혜자 · 방희정, 2005), 자본주의 세계에서의 국가 간 불균등한 발전과 여성의 상품화 및 영리적 세력의 개입이다(설동훈, 2005). 특히 2000년대부터 시작된 지방자치정부의 농촌총각 장가보내기 프로젝트의 결과로 2005년 농촌지역의 경우 총 혼인건수의 35.9%가 국제결혼을 하고 있는 상황이다(신정희, 2010; 김경우, 2012, 서보준, 2017 재인용).

이와 같은 적극적인 정부 정책의 영향으로 인해 국제결혼 건수에 대한 2019년 12월 출입국자 및 체류외국인통계에 따르면 중국(562,402명, 44.2%), 베트남(187,334명, 14.7%), 필리핀(45,354명, 36.6%), 일본(24,316명, 44.2%) 등으로 나타났다(법무부, 2020). 또한 서보준(2017)의 연구에 의하면 부모님 중 외국인 어머니의 출신국은 베트남이 가장 많았으며, 그다음 중국, 필리핀, 일본, 캄보디아 순으로 나타났다. 다문화가정의 구성원은 사례관리의 주요 대상이라고 볼 수 있다.

이처럼 국제결혼에 따른 다문화가정의 양적인 증가로 인해 여러 가지 부작용과 문제점들이 제기되고 있다. 특히 다문화배경을 가진 어머니들의 양육태도는 자국의 양육관이나 양육태도를 답습하여 자신이 모국에서 어머니로부터 보고 알게 된 양육방법을 그대로 이해하고 인식하기 때문에 다문화가정 어머니들이 보이는 양육태도와 아버지의 가치관과 생활태도(이영주, 2007)는 매우 상이할 수밖에 없다(김환남 · 이선애, 2013). 그러므로 자녀양육 및 교육에 대한 어려움(한주연, 2002; 홍기혜, 2000) 등으로 자녀를 양육하는 데 있어 갈등이 야기되는 것으로 보고되고 있다. 따라서 다문화가정의 환경 및 배경에서 성장한 자녀들은 신체적 · 정서적 불안과 혼란을 경험하고 학교생활에 적응하지 못하는 현상이 나타나고 있다(김갑성, 2006; 송선진, 2007; 장혜주 · 손상희, 2015). 이러한 문제는 가정에서 사회로 생활범위가 확대되는 학령기에 접어들면서 부각되고 있다. 특히 이 시기의 자녀들은 가정보다 학교에서 많은 시간을 보내기 때문에 학교에 대한 적응은 어떤 문제보다도 중요한 의미를 지니고 있다(김수진, 2009, 서보준, 2017 재인용).

다문화가정 자녀들은 부모로부터 경험하게 되는 이중문화, 이중언어 등의 다문화적 특성과 남다른 외모, 언어능력 부족, 정체성 혼란 등으로(노선덕 · 강길현, 2015; 신효선, 2008; 한정애, 2009) 인해 학습 및 친구관계의 어려움, 학급 친구들로부터 따돌림을 당하기도 하여 학교생활 적응에 어려움을 겪는 것으로 나타났다(홍영숙, 2007; 황선영, 2013; 김영봉, 2014, 서보준, 2017 재인용).

따라서 다문화가정 부모들을 비롯한 아동들은 다양한 한국 문화적응에 따른 스트레스 등으로 사회적응에 어려움을 경험하고 있기 때문에 보다 적극적인 사례관리가 필요하다.

2. 사회자원

사람들은 누구나 자신의 생활과업을 원만히 수행하고 사회생활에 필요한 욕구를 충족시키기 위해서 여러 수준의 지원체계(support system)가 필요하다. 이 지원체계는 인간의 삶에 있어 중요한 사회자원(social resources)이 된다. 즉, 자원이란 인간의 다양한 생활상의 욕구충족과 문제해결을 목적으로 활용되는 각종의 제도, 시설, 기관,

단체, 프로그램 및 사람들의 지식, 기술, 정보 등을 포함하는 인적, 물적 제요소를 총칭한다(박미은, 2019).

이러한 사회자원을 필요로 하는 대상자에게 적절하게 연결하기 위해서 사례관리자는 지역사회에 존재하는 자원을 파악하고, 대상자가 기존에 가지고 있는 자원이 있다면 활성화시키며, 필요한 경우 새로운 자원을 개발하여 연계해야 한다. 따라서 대상자에게 필요한 도움을 제공할 수 있도록 사례관리자는 관련 기관의 서비스 신청절차와 과정, 작성 요령 등을 숙지하고 있어야 한다. 또한 자원을 발굴하여 대상자의 지지체계를 재구조화하는 것이 기존 환경에 익숙한 대상자에게는 낯설고 두려울 수 있음을 기억해야 한다. 변화에 대한 조급함을 버리고 변화의 중심축에 서 있는 대상자의 입장에서 충분히 수용할 수 있도록 기다려 주는 태도를 가져야 한다(전혜성 외, 2020).

사회자원은 자발적이며 비조직적인 체계에서 서비스를 제공하는 비공식 자원과 공식적인 기구나 조직에서 서비스를 제공하는 공식자원 등의 두 가지로 구분할 수 있으며, 그 외 내적 자원에 대한 구체적인 내용을 살펴보면 다음과 같다(강흥구, 2016; 이근홍, 2020; 전혜성 외, 2020).

1) 비공식 자원

비공식 자원은 가족, 친족, 친구, 이웃 등에 의해 제공되는 비공식적인 도움이나 보호를 제공하는 자원이다. 비공식적인 사회자원들은 아동의 양육, 장애인의 보호 등에 가족이나 친족이 개입하는 형태로 이루어진다. 이러한 비공식 자원의 이타적 행동, 협력, 상호부조 등은 사회복지에 있어 매우 중요한 역할을 하고 있으며, 인간의 행복 추구를 위해 매우 필수적인 것이다(Rothman & Sager, 1998). 이외에도 지식이나 기능, 애정과 선의, 정보, 지위 등의 인적 자원이 있으며, 현금, 현물, 시설이나 설비 및 제도 등의 물적 자원이 있다.

친구, 이웃 및 동료는 클라이언트의 관심사, 생활방식, 직업, 거주지 등에 상당한 공통점을 가지고 있어서 클라이언트의 생활만족과 사회통합에 중요한 역할을 수행한다. 이것은 클라이언트의 사회적응에 도움을 줄 수 있으며, 심리적 안정감을 갖게 하는 사회적 지지의 주요한 제공자가 될 수 있다. 따라서 사례관리자는 클라이언트가 친구, 이웃, 동료, 친척 등과 지속적으로 만날 수 있게 하며, 그들로 하여금 클라이언트가 필요로 하는 서비스를 제공할 수 있게 해야 한다.

이와 같이 다양한 사회자원을 클라이언트에게 적절하게 연계하기 위해서는 지역사회에 존재하는 자원을 파악하고, 필요한 자원이 부족한 경우에는 개발하려는 노력이 선행되어야 한다. 나아가 사례관리가 성공적으로 운영되기 위해서는 지역사회 자원의 조직화가 매우 중요하다. 그러므로 사례관리자는 유용한 자원을 찾기 위하여 열린 태도를 가지고 다양한 분야의 전문가들과 연계를 통해 클라이언트와 가족이 가지고 있는 기존 자원들을 다각적으로 탐색할 뿐만 아니라 자원개발을 위한 네트워킹 과정에 적극적으로 참여해야 한다(권진숙 외, 2013).

2) 공식자원

공식자원은 공식적인 조직을 통해 대상자에게 서비스를 제공할 수 있는 자원으로 국가기관, 지방자치단체, 공공법인, 민간기관과 시설, 공식협의체, 사회단체 등이 있다. 국가기관은 보건복지부, 여성가족부, 국 · 공립병원, 보건소, 지역사회 정신건강복지센터, 사회복지사업부에 의한 각종 제도 등이 포함되며, 지방자치단체로는 사회복지공무원, 복지재단, 지역사회복지협의체, 희망복지지원단, 건강가정지원센터, 다문화가족지원센터, 지역자활센터 등이 있다.

공공기관은 국민연금공단, 국민건강보험공단, 근로복지공단, 사회복지공동모금회 등이 있다. 공공법인은 민간 사회복지법인이 운영하는 사회복지관, 주간보호센터, 장애인직업재활시설 등 사회복지 이용시설과 노인요양시설, 장애인거주시설, 아동양육시설, 모자보호시설 등 사회복지 생활시설 등이 있다.

민간기관과 시설은 민간이 사회복지 증진을 위해 투자하는 것으로 사회복지재단, 유료사회복지시설, 복지기업 등이 있으며, 사회단체는 YMCA, YWCA, 여성단체 등으로 사회문제 해결, 레크리에이션, 취미생활, 기능교육 등을 제공한다.

따라서 사례관리자는 위와 같은 기관을 잘 활용하여 다양한 서비스를 대상자에게 제공할 수 있도록 서비스를 체크하고 목록화해야 한다. 특히 시 · 군 · 구에서는 공식 지원체계의 서비스를 목록화하여 사례관리를 실시하는 다양한 시설과 기관들이 언제든지 대상자와 서비스를 연결시킬 수 있도록 많은 노력을 해야 할 것이다.

3) 내적자원

대상자의 내적자원은 대상자 문제해결에 중심적 역할을 하므로 잘 파악하는 것이 중요하다. Ballew와 Mink(1996)에 의하면 내적자원을 욕구해결을 위한 개인의 강점이라고 정의하였다. 개인의 강점에는 지능, 신체적 강점, 건강상태, 긍정적인 성향(정직, 자상, 낙관적, 인내, 친절 등), 개인의 경험, 영성 등을 포함하며, 선천적으로 타고난 바람직한 특징인 장점과 구분하였다.

사례관리자는 대상자가 표현하는 말이나 행동 외에도 삶을 대하는 태도와 사고, 살아온 시간 등을 참고하여 대상자 강점을 파악해야 한다. 파악한 내적자원은 대상자에게 알려주고 대상자가 필요한 상황에서 활용할 수 있도록 도와주어야 한다.

3. 사례관리자 및 사례관리 과정

1) 사례관리자

사례관리자는 클라이언트의 사례관리 전 과정에 직·간접적으로 개입하면서 클라이언트의 자활과 자립을 위한 활동을 하는 전문가이다. 즉, 서비스 이용자가 수동적인 서비스 대상자로서의 역할에 머무르지 않고 자신의 문제를 해결해 나갈 수 있는 문제해결자로서 사례관리 과정에 참여하고 이를 통해 자신에게 필요한 사회적 자원을 직접 이용하고 접근할 수 있는 능력을 함양하도록 도와주어야 한다.

또한 사례관리 실천과정에 참여하는 대상은 서비스 이용자만이 아니다. 서비스 이용자의 가족이나 친구 등 서비스 이용자에게 의미 있는 사람과 집단, 조직, 더 나아가 그들에게 서비스를 제공하고 있는 다양한 분야의 전문가들도 사례관리자에게 중요한 파트너라고 할 수 있다. 그러므로 사례관리자는 서비스 이용자들에게 도움을 제공하는 과정에서 서비스 이용자뿐만 아니라 그들을 둘러싼 환경체계를 재구성하고 임파워먼트함으로써 환경이 환경으로서의 지지적인 기능을 최대한 발휘할 수 있도록 도와야 한다(이준우 · 최희철, 2016).

따라서 사례관리자는 클라이언트의 문제를 확인 후 욕구사정, 계획수립, 자원개발 등을 하며, 상황에 따라 옹호자, 중재자, 중개자 등의 다양한 역할을 담당해야 한다(박수선 외, 2015).

2) 사례관리 과정

사례관리 과정은 사례관리를 시간적으로 전개해 가는 것으로 접수, 사정, 개입계획, 서비스의 제공, 조정과 점검, 재사정, 평가와 종결, 사후관리로 이루어진다(Gursansky, 2003). 또한 Moxley(1982)는 사례관리 실천단계를 사정, 서비스 계획, 실행, 점검, 검토 및 평가의 5단계로 분류하였다. 클라이언트의 복잡하고 다양한 문제를 해결하기 위해서는 순차적인 사정 단계에 맞게 진행되어야 할 뿐만 아니라 각 단계에 과제들을 수행하여 목표를 달성해야 한다. 따라서 사례관리과정에서 과제들을 순조롭게 목표 달성을 했을 때 클라이언트가 가지고 있는 욕구 및 문제를 해결하였나고 볼 수 있다.

한국사례관리학회(2012)에서는 사례관리 과정을 초기과정, 사정, 계획, 실행과정, 종결과 평가의 5단계로 구분하였는데 구체적인 내용을 살펴보면 다음과 같다(정성배 외, 2019 재인용).

① 초기과정

초기과정은 다양한 경로와 과정을 통해 확인하거나 발견한 이용자와 초기 면접을 하고 이용자의 문제가 무엇인지 파악하여 각종 사례회의를 거쳐 이용자의 서비스 수혜 적격 여부를 판단한다.

② 사정

사정단계에서는 이용자 개인 또는 가족, 주변 자원으로부터 정보를 얻어 현재 해결해야 할 욕구와 우선순위를 결정한다. 이때 표준화된 사정 도구를 활용하여 이용자와 그 가족이 제시한 문제 외에 신체적 · 인지적 · 사회적 · 정서적 욕구뿐만 아니라 재정적 · 환경적 욕구를 파악한다.

③ 계획

계획단계에서는 사례관리자는 사정을 통해 얻은 자료를 바탕으로 서비스 유형, 보호에 필요한 시간, 지역사회 자원과 가족 구성원이 담당할 역할을 구체화하는 계획을 수립한다.

④ 실행

실행단계에서는 계획한 서비스를 조정하고 연계한다. 사례관리자나 사례관리 기관이 보유한 자원을 활용할 뿐만 아니라 지역사회 내의 다양한 공적·비공식적 자원을 연계하며, 점검을 통해 제공된 서비스가 적절한지 또는 서비스의 질이 높은지, 이용자의 욕구를 충족하였는지 등을 평가한다. 특히 사례관리자는 정기적인 재사정을 통해 늘 변화하는 이용자의 상황과 욕구에 대응해야 한다.

⑤ 종결과 평가

이용자의 요청, 사망이나 이사 등의 물리적 환경의 변화를 비롯한 다양한 이유로 사례관리에서 종결이 이루어진다. 1년에 1회 이상 정기적으로 시행하는 평가 결과에 따라 의뢰, 사정과 개입 계획단계로 환류하거나 종결하는 단계를 수행하며, 사후관리에 대한 방안도 수립한다.

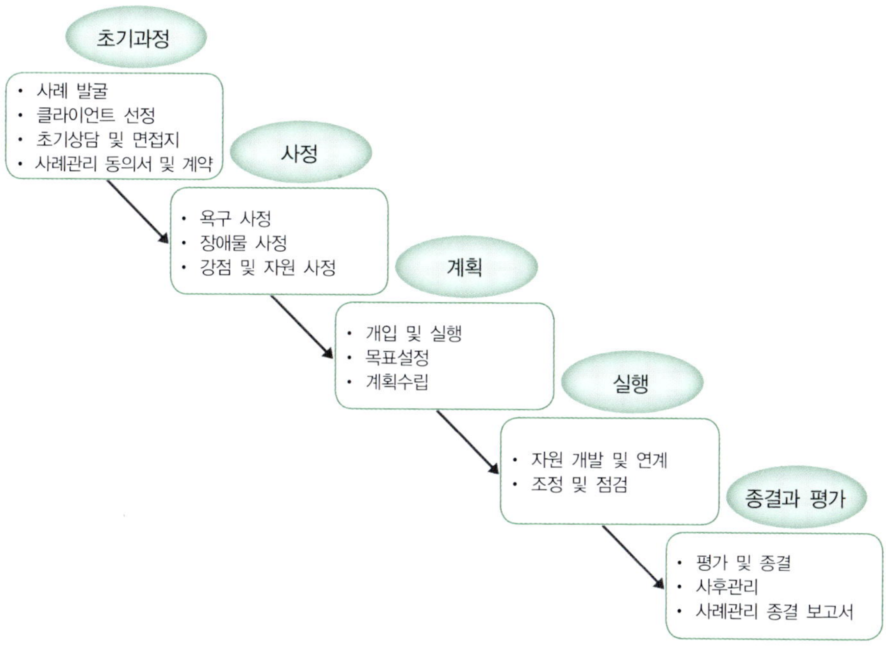

|그림 3-1| 사례관리 과정

제2절 사례관리의 가치와 윤리

1. 사례관리의 가치

가치는 바람직스러움의 기준(Ritzer, Kammeyer & Yetman, 1979) 혹은 세상이 어떠해야 하고, 사람들은 어떻게 행동해야 하고, 바람직한 삶의 조건은 어떠해야 하는가에 대한 신념(Hepworth, Rooney, Strom-Gottfried & Larsen, 2009)을 의미한다. 즉, 가치란 어떤 대상이나 생각에 부여하는 개인적인 보람을 말하는 것으로 바람직한 것, 우선적인 것, 가치 있는 것, 선한 것 등의 의미로 이해된다(이현주, 2012). 따라서 사회복지 실천 가치의 의미는 사회복지사가 추구해야 하는 이상적인 인간행동과 삶의 조건 및 사회가 어떠해야 하는가에 대한 신념인 동시에 사회복지사의 실천 방향을 의미하는 것이다.

NASW(2008)는 서비스, 사회적 정의, 인간의 가치와 존엄성, 인간관계의 중요성, 성실, 역량의 여섯 가지 윤리강령을 제시하고 있다. 그 외 사회복지의 핵심 가치로 인간의 자기결정권, 인간의 기회균등의 내용을 살펴보고자 한다(최선희 · 정재연, 2020; 서보준 외, 2020).

1) 서비스

사회복지사의 최우선 목표는 도움이 필요한 사람을 돕는 것과 사회적 문제들을 해결하는 것이다. 이에 따라 사례관리자는 자신의 지식과 기술을 클라이언트의 생리 · 심리 · 사회적 안녕을 지원하기 위해 그리고 클라이언트가 직면한 도전을 다루기 위해 활용한다. 사례관리자는 직업적 혹은 개인적인 이익을 넘어서서 클라이언트에 대한 서비스에 우선순위를 둔다. 사례관리자는 스스로 클라이언트에 대한 서비스를 최우선의 목표로 하고 있고 자신의 업무도 그에 부합되게 구성되어 있는지, 즉 목적전치 현상은 일어나고 있지 않은지에 대해 늘 점검해야 한다.

2) 사회적 정의

사회복지사는 사회적 배제가 일어나지 않도록 가난한 사람, 차별받고 있는 사람, 실업자, 학대받는 개인이나 집단의 이익을 위한 사회적 변화를 추구하는 것이 주요한 과업이다. 이와 같은 맥락으로 사례관리자는 클라이언트가 경험하는 빈곤, 차별, 억압, 그리고 이 외 다른 형태의 사회적 불의를 감소시키기 위해 변화를 추구한다. 또한 사례관리자는 문화적 및 언어적으로 적절한 방식으로 서비스를 제공하며 개인 및 체계의 수준에서 클라이언트가 필요로 하는 정보, 서비스, 자원에 접근할 수 있도록 보장하고 의사결정 과정에서 클라이언트의 참여가 극대화될 수 있도록 촉진한다. 사례관리자는 '자신의 주요 업무 가운데 사회적 정의 구현을 위한 사회변화에 대한 노력이 포함되어 있는가? 배제되고 있는 클라이언트에 대한 옹호 활동에 포함되어 있는가?'를 점검해야 한다.

3) 인간의 가치와 존엄성

인간의 존엄성(worth and dignity of individual)은 사회복지의 철학이자 가장 중요한 기본 가치가 되고 있다(Compton & Galaway, 1984). 즉, 개인이 인종, 종교, 연령, 성별, 신분 등과 관계없이 한 인간으로서 존엄한 가치를 지닌 존재로 존중받아야 한다는 것을 의미한다.

사회복지란 근본적으로 어떤 사람이든 누구에게나 인간의 존엄성을 지켜 나가면서 인간으로서 대우받을 수 있는 생활보장을 그 목적으로 한다. 따라서 누구든지 어떠한 문제로 인하여 인간의 존엄성을 훼손당하거나 위협받는 경우가 존재해서는 안 된다(한인영 외, 2011). 이는 장애인이든, 남성이든, 여성이든, 노인이든, 아동이든 모두 같다. 이 때문에 헌법 제10조에서 "모든 국민은 인간으로서 존엄과 가치를 가지며 행복을 추구할 권리를 가진다"라고 하였으며, 헌법 제34조에서도 "모든 국민은 인간다운 생활을 할 권리를 가진다"고 하여 천부적인 인간의 존엄성을 헌법에 명시하고 있다. 오늘날 가족이나 개인, 집단, 지역시회 및 보다 큰 사회의 복지로 실천하게 된다. 그러나 그중에서도 가장 기본적이며 중요한 것은 개인이며, 따라서 개인의 권리와 존엄성은 결코 무시되어서는 안 되는 중요한 핵심적 요소이다.

4) 인간관계의 중요성

사회복지사가 고객의 변화와 역량강화를 달성하기 위해서는 인간관계가 가장 중요한 수단임을 인식해야 한다. 사례관리자는 변화 과정에서 인간관계를 확대해 나간다. 그리고 클라이언트와 클라이언트 체계의 다른 구성원들과의 관계를 강화하는 데 매진한다. 사례관리자는 각 클라이언트와의 원조관계를 일궈나가며, 욕구와 목표 확인, 서비스 계획과 실행 그리고 평가 과정에서 가능한 최대 범위에서 클라이언트를 동반자로 참여시킨다. 사례관리자는 클라이언트와의 인간관계를 위해서 노력하고 있는가, 클라이언트들의 인간관계 확대 및 강화를 사례관리의 주요한 목표로 포함하고 있는가를 점검해야 한다.

5) 성실

사회복지사는 전문가의 사명, 가치, 윤리기준에 대한 인식과 이에 부합하는 사회복지 실천을 추구해야 한다. 사례관리자도 이에 따라 일하며 전문적인 사회복지사의 역할에 내재된 힘을 책임 있게 활용한다. 사례관리자는 클라이언트의 목적을 존중하면서 신중하게 자기를 활용하고 이해 갈등을 피하며 현재 존재하는 자원을 선택하는 데 있어서 전문적 판단을 활용하고 클라이언트에게 서비스를 제공하는 제반 활동을 수행한다. 사례관리자는 전문직의 기준에 부합하게 일하고 있는지, 정직하고 신뢰성 있게 일하고 있는지를 점검해야 한다.

6) 역량

사회복지사들은 역량 안에서 일해야 하며, 따라서 전문적 역량을 지속적으로 발전시켜 나가야 한다. 사례관리자도 자신의 능력 범위 내에서 실천 활동을 수행하며, 지속적으로 사례관리 및 대상 집단과 관련된 지식과 기술을 향상하는 데 매진한다. 사례관리자는 자신을 돌보는 것이 클라이언트를 위해 필수적이라는 사실을 인식하고 자신을 돌보는 데 주의를 기울인다. 사례관리자는 가지고 있는 역량 내에서 일하고 있는가, 전문성을 높이기 위해서 노력하고 있는가를 점검해야 한다.

7) 인간의 자기결정권

인간의 자기결정권(self-determination)은 사회복지의 이론과 실제에 있어서 극히 중요한 원리가 되고 있는데, 기술적으로 대안(alternatives) 제공이 전제되기도 한다. 이것은 각자의 자기 능력과 판단에 따라 자기의 태도와 행동을 결정할 권리를 갖는다는 기본적 인권을 존중하는 것으로 사회복지 철학의 중요한 몫을 차지하고 있다(Bisno, 1952). 하지만 어려서 잘못된 판단을 할 우려가 있는 경우, 정신장애로 건전한 사고능력이 없을 경우, 기타 특별한 경우는 예외로 하되 클라이언트의 올바른 이해와 판단과 결정을 기다리는 것이 전제되고 있다.

따라서 클라이언트에 대한 일방적인 명령, 금지 혹은 위협 같은 행위로 자기결정권을 침해해서는 안 될 것이다. 사례관리자가 클라이언트에게 자기결정을 하게 함으로써 클라이언트와의 인간관계는 자유롭고 부드러워지며, 민주적 원조를 해줄 수 있게 된다. 우리 속담에 "말을 물가에 끌고 가는 것은 사람이지만 물을 마시는 것은 말"이라는 말이 있다. 말에게 강제로 물을 먹일 수도 없을 뿐만 아니라 먹여서도 안 되듯이, 클라이언트의 생활은 그들 자신의 의견을 존중하고 어떤 의사결정을 하도록 기회를 제공해 주어야 한다.

8) 인간의 기회균등

기회의 균등(equality of opportunity)은 오늘날 자본주의 사회에서 가장 널리 퍼져 있는 평등의 범주이다. 이것은 각 개인은 자신의 소질과 능력을 자유롭게 계발할 평등한 권리와 기회를 가질 뿐 아니라 동일한 업적에 대해서는 동일한 보상이 주어진다는 입장이다. 또한 모든 사회적 제도에 대한 접근을 모든 사람에게 균등하게 열어 놓는다는 것이다(김형수 외, 2011).

즉, 인간은 누구나 평등하고 균등한 기회가 주어져야 한다는 원리는 사회복지실천의 과정에 있어서 꼭 수반되어야 할 기본 원리가 된다. 인간사회에 있어서는 물질, 교육, 지위, 신앙, 인종, 직업, 거주지 및 기타 기준에서 많은 사람들이 여러 계층으로 분류되기도 하는데, 사회복지라는 측면에서는 이들에게 아무 차별 없이 동일한 기회가 주어져야 할 도덕적 · 직업적 원칙이 있는 것이다(전재일 외, 2009). 따라서 기본적인 인간의 존엄성과 자기결정을 결코 훼손하지 않는 것은 물론 평등 및 기회균등도 어떠한 기준에 의한 차별도 있을 수 없다는 사실을 항상 마음속에 간직하며 지켜야 할 것이다.

2. 사례관리의 윤리

윤리는 옳고 그름을 나타내는 판단기준이며 인간이 마땅히 지켜야 할 도리이다. 가치는 무엇이 좋고 바람직한가와 관련이 있고, 윤리는 무엇이 옳고 그른가에 관련이 있다. 윤리는 사람에게 스스로가 추구하는 가치를 일관되게 행동하도록 지시하는 행동규범으로서 윤리적 판단에 따른 행동을 수행하기 위해서는 기준이 되는 규범이 필요하다.

따라서 윤리는 인간의 행동을 통제하거나 규제하는 기준이나 원칙까지 포함하는 개념으로, 일반적으로 타인에 대한 책임감에서 우러나오는 인간에 대한 기대를 말한다(양옥경 외, 2010). 따라서 사례관리자가 누군가를 위해 결정하거나 누군가에게 희망을 주어야 하는 상황에서 윤리는 특히 중요하다. 또한 다른 것보다 더 좋은 선택을 할 때 윤리는 도덕적 신념에 기초한 의식적인 성찰 과정이다(Bowles, 2009).

영국사례관리자협회(2008)는 사례관리자 윤리강령에 대해 열 가지를 제시하고 있는데 구체적인 내용을 살펴보면 다음과 같다(김성경, 2019).

1) 클라이언트에 대한 책임(Duty to Your Client)

사회복지 사례관리자는 클라이언트에 대해 법적이며 도덕적 의무를 가진다. 클라이언트에 대한 의사결정은 클라이언트를 위한 보호와 서비스에 도움이 될 뿐만 아니라 클라이언트의 재산에도 관련되어야 한다.

2) 윤리와 법(Ethics and the Law)

사회복지 사례관리자의 사례관리 실천은 반드시 합법적이어야 하며, 만일 법적 문제가 발생하는 경우에는 관련 공공기관에 보고해야 한다.

3) 자율성에 대한 존중(Respect for Autonomy)

사회복지 사례관리자는 클라이언트가 위기 상황에 직면했을 때에도 자율성을 존중하는데 구체적인 내용은 다음과 같다.

- **사고의 자율성**(autonomy of thought) : 클라이언트의 사고 및 신뢰, 취향의 자율성
- **의지의 자율성**(autonomy of will) : 독립적인 선택의 자율성, 의사결정의 자율성
- **행동의 자율성**(autonomy of action) : 클라이언트가 스스로 생각과 결정에 의해 자유롭고 독립적으로 행동하는 자율성

4) 최선의 이익(Best Interests)

클라이언트가 의사결정 능력이 부족한 경우 사회복지 사례관리자는 클라이언트의 최선의 이익에 무엇이 필요할지를 고려해야 한다. 사회복지 사례관리자는 클라이언트의 소망과 감정을 존중하고 과거의 의사결정 경험을 존중하여, 클라이언트의 최선의 이익을 고려해야 한다.

5) 피해의 예방(Prevention of Harm)

사회복지 사례관리자는 클라이언트에게 피해를 주어서는 안 되며, 위기에 처한 아동 및 성인 클라이언트를 보호할 책임이 있다.

6) 차별의 금지(Non-Discrimination)

사회복지 사례관리자는 차별금지의 원칙, 문화적 민감성이 원칙, 인권 존중의 원칙을 준수해야 한다. 차별금지는 성별, 연령, 장애, 인종, 성적 취향, 종교의 다양성에 대한 차별금지를 의미한다. 그리고 인권 존중은 언어, 정치적 의견, 국적, 소수민족, 재산, 사회적 지위에 대한 존중을 의미한다.

7) 사실대로 말하기(Telling the Truth)

사회복지 사례관리자는 어떤 경우에도 클라이언트에게 사실대로 말하도록 노력해야 한다. 클라이언트의 오해, 잘못된 인식을 바로잡도록 노력하는 것도 포함한다.

8) 존중(Respect)

사회복지 사례관리자는 클라이언트의 개인정보 보호, 비밀 유지, 관련 데이터 보호, 신체적 존엄성 및 정서적 존엄성 등 클라이언트를 존중해야 한다.

9) 고용상태(Nature of Employment)

사회복지 사례관리자는 클라이언트와 타인에게 자신의 고용상태와 고용상 제한점을 알려주어야 한다.

10) 전문적 통합성(Professional Integrity)

사회복지 사례관리자는 전문적 통합성의 의무를 지니며, 이것은 자격증과 슈퍼비전, 전문직 배상에 관한 보험, 보수교육 및 교육·훈련 참여 등을 갖추어야 할 의무를 포함한다. 또한 사회복지 사례관리자는 자신의 전문적 기술과 경험의 수준에 따라 사례관리 업무를 해야 한다.

참고문헌

강흥구(2016). 사례관리. 정민사.

권진숙 외(2013). 사례관리론. 학지사.

김미숙 · 배화옥(2007). 아동빈곤율 수준과 아동빈곤에 영향을 미치는 요인 연구. 보건사회연구, 27(1), 3-26.

김성경(2019). 사회복지 사례관리론. 공동체.

김성천 외(2021). 사례관리론(개념, 기술, 실천역량 이해). 학지사.

김성희 외(2018). 2017년 장애인실태조사. 보건복지부 · 한국보건사회연구원.

박수선 · 송인주 · 신지현(2015). 지역사회복지관 사례관리자 실천지표 개발 연구. 한국지역사회복지학, 55, 61-102.

법무부(2020). 출입국자 및 체류외국인통계. 2019년 12월.

서보준(2017). 다문화가정 청소년이 지각한 부부갈등, 부모양육태도, 부모-자녀 간의 의사소통이 학교생활적응에 미치는 영향 : 자아탄력성과 사회적 지지의 매개효과. 대구한의대학교 대학원 박사학위논문.

서보순 외(2017). 아동권리와 복지. 지식공동체.

서보준 외(2017). 다문화가정 청소년이 지각한 부모양육태도와 학교생활적응과의 관계에서 자아탄력성의 조절효과. 미래청소년학회지, 14(3), 111-133.

서보준 외(2020). 노인복지론. 지식공동체.

서보준 외(2020). 사회복지학개론. 지식공동체.

양옥경 외(2010). 사회복지실천론. 나남출판사.

우국희(2016). 사례관리론. 공동체.

이근홍(2020). 사례관리론. 지식공동체.

이준우 · 최희철(2016). 사례관리론. 신정.

이현주(2012). 사회복지사는 어떻게 전문직 정체성을 찾아가는가. 중앙대학교 대학원 박사학위논문.

전혜성 외(2020). 현장 사례관리. 학지사.

정경희 외(2012). 2011년 노인실태조사. 보건복지부 · 한국보건사회연구원.

정경희 외(2017). 2017년 노인실태조사. 보건복지부 · 한국보건사회연구원.

정성배 외(2019). 사회복지 사례관리의 이론과 실제. 창지사.

통계청(2011). 장래인구추계결과.

______(2019). 국가통계포털.

Ballew, J. R., & Mink G.(1996). *Case Management in Social Work.* The Charles C. Thomas Publisher, Ltd.

Bowles, W.(2009). Practice value, principles and ethics. In E. Moore(Ed.). *Case Management for Community Practice.* Australia : Oxford Univ. Press.

Gursansky, D., Harvey, J., & Kennedy, R.(2003). *Case Management.* New York : Columbia University Press.

Hepworth, Rooney, Rooney, Strom-Gottfried & Larsen(2009). *Direct Social Work Practice : Theory and Skills.* Brooks/ Cole, Cengage Learning.

Moxely, D. P.(1989). The practice of Case Management. CA : SAGE Publications.

Ritzer, Kammeyer, & Yetman(1979). *Sociology : Experiencing a Changing Society.* Boston : Allyn and Bacon.

Rothman, J., & Sager, J. S.(1998). *Case Management : Integrating Individual and Community Practice.* Boston : Allyn and Bacon.

CHAPTER 04

사례관리의 기능 및 사례관리자의 역할

제1절 사례관리의 기능

제2절 사례관리자의 역할과 자격 기준

CHAPTER 04

사례관리의 기능 및 사례관리자의 역할

제1절 사례관리의 기능

1. 사례관리 기능에 대한 이해

사례관리의 기능은 직접적 서비스 기능과 간접적 서비스 기능으로 구분할 수 있다. 직접적 서비스 기능은 클라이언트의 욕구를 파악하여 사정하고 그 결과에 따라 서비스 계획의 수립과 실행이 이루어지는 것이다. 반면 간접적 서비스 기능은 클라이언트의 문제 및 욕구를 해결하기 위해 다른 서비스 제공기관이나 실천 전문가 또는 서비스 관계망을 활용하여 해결하고자 하는 것이다. 따라서 직접적 서비스 기능(사정기능, 계획기능, 상담기능, 욕구충족 및 문제해결 역량강화 기능, 정보제공 기능, 모니터링 기능)과 간접적 서비스 기능(중개, 옹호, 연계, 조정)으로 구분하여 살펴보면 다음과 같다(김성경, 2019; 박미은, 2019; 최은정 외, 2017).

1) 직접적 서비스 기능

(1) 사정기능

사정기능은 사례관리의 중심 기능으로 클라이언트와 가족의 당면한 문제와 욕구를 파악하고 나아가 잠재적 문제와 욕구까지도 파악해야 하는 기능이다. 또한 사정

기능은 클라이언트의 각종 능력, 사회적 네트워크 및 그것을 이용하는 능력, 비공식적 · 공식적 자원들이 얼마나 되는지를 파악하는 것에서부터 시작된다. 사정은 사례관리자와 클라이언트가 함께 문제를 명확화하고 욕구의 우선순위를 정하며, 무엇부터 해나가야 하는지를 정하는 것이다. 사정 시 클라이언트 스스로가 자신의 욕구를 설명하고 욕구의 우선순위를 결정할 기회와 전문가나 기관을 선택할 기회 등을 가질 수 있도록 권리를 보장하고 동참하도록 해야 한다. 이는 향후 사례관리가 장기간 능동적으로 작동하는 기전의 밑받침이 될 것이다.

(2) 계획기능

계획기능은 사례관리자가 클라이언트의 욕구를 충족시키는 적합한 수단과 방법을 발견하고 자원을 동원하는 기능으로 시간과 기간의 한계가 있다. 사례관리자는 서비스 및 자원 동원, 프로그램 참여 등에서 가능한 한 포괄적 계획을 세워야 하며, 이런 계획은 사정에 근거해야 한다. 클라이언트나 가족의 주요 욕구에 따른 장 · 단기 목표를 함께 설정하고 이 과정에서 서로 간의 책임성을 명확하게 해야 한다. 특히 사례관리의 결과로 나타나는 변화를 측정할 수 있는 평가방법과 평가도구를 미리 선정하고 이를 클라이언트와 가족에게 사전에 설명하고 조사해 두어야 한다. 또한 계획단계에서부터 다양한 전문가의 도움이 필요하다는 것에 주의해야 한다.

(3) 상담기능

상담기능은 사례관리자가 클라이언트와 관계를 유지하는 일차적 기능으로(Woodside & McClam, 2006) 전통적인 심리치료 기능을 수행하기보다는 지금 여기 문제를 해결하는 실천적 기능이다. 즉, 감정이입, 격려, 조언, 지지, 요약 등 다양한 상담기술을 활용하며, 이러한 상담기능은 사례관리 과정 중에 지속적으로 수행된다. 따라서 상담기능은 사회복지 사례관리에서 가장 기본적인 서비스 기능이라고 할 수 있다. 특히 일상적인 생활에 잘 대응할 수 있도록 원조하는 데 초점을 두는데, 집중적인 치료 또는 치료를 위한 심리검사가 필요한 경우는 간접적 서비스를 연계하는 것이 바람직하다.

(4) 욕구충족 및 문제해결 역량강화 기능

사례관리는 클라이언트에게 스스로 욕구를 충족하고 문제를 해결할 수 있는 역량을 강화시킬 수 있도록 하는 기능을 가지고 있다. 사례관리의 근본적 목적 중의 하나가 클라이언트의 사회적 기능을 향상시키는 것이기 때문에 사례관리 과정을 통하여 스스로 자신의 욕구충족 및 문제를 해결할 수 있는 능력을 높이는 계기가 될 수 있다.

또한 사례관리자는 클라이언트와 가족이 지역사회 내에서 욕구를 충족할 수 있는 자원을 확보할 수 있도록 정보를 제공하며, 문제해결 능력을 높일 수 있도록 교육과 역할연습을 시키거나 대인관계기술, 생활기술, 사회화기술 등을 가르치며, 클라이언트가 자기결정권을 행사할 수 있도록 지원한다(권진숙 외, 2012). 사례관리자는 클라이언트가 스스로 자신의 문제를 해결할 수 있도록 동기를 부여하거나 격려하며, 권한부여를 통하여 클라이언트가 자신의 문제를 해결할 수 있는 자원이나 권리에 접근할 수 있도록 한다.

사례관리자는 클라이언트가 적절한 방법으로 자신의 욕구를 충족하고 문제를 해결할 수 있도록 사회적 지지나 상담을 제공하며, 가족 성원에게 자문을 제공하기도 한다. 또한 사례관리자는 클라이언트가 자신의 욕구와 문제에 대한 인식 노력, 지각능력 및 대처능력을 극대화할 수 있는 방법을 통하여 그들이 겪고 있는 어려움을 해결할 수 있도록 원조한다.

(5) 정보제공 기능

정보제공은 사례관리자가 클라이언트의 필요정보를 파악하여 제공하는 활동으로 정보를 담은 자료 및 책자, 인터넷 정보, 매뉴얼을 제공하거나 직접 설명하는 등 다양한 방법이 사용되고 있다. 정보제공을 위해서는 다양한 경로의 정보수집 단계와 정보를 클라이언트의 욕구수준에 따라 분류하고 재조직화하는 정보처리 단계를 거치고 클라이언트의 수준에서 이해 가능하고 활용할 수 있도록 편집되어야 한다.

클라이언트의 필요정보가 단순한 정보일 때는 자료 및 책자, 인터넷 정보, 직접 설명 등의 방법을 활용하지만 보다 구체적이고 세부적인 정보의 경우에는 클라이언트를 위해 매뉴얼화하는 것도 필요하다.

(6) 모니터링 기능

모니터링 기능은 사례관리의 각종 서비스가 계획대로 실행되고 있는지를 확인하고, 변화나 수정해야 할 부분이 있는지를 파악하는 것이다. 서비스의 질적 혹은 양적 측면의 적절성, 각종 급여의 적절성, 클라이언트나 가족의 만족도 등에 초점을 두어야 한다. 특히 사례관리 서비스 중 대부분을 다른 기관에 의뢰하여 진행하고 있는 경우에는 더욱더 모니터링이 중요하다. 모니터링은 일회성보다 정기적이고, 단발성보다는 지속적으로 이루어져야 한다.

2) 간접적 서비스 기능

(1) 중개기능

중개기능은 클라이언트의 욕구사정에 기초하여 수립된 서비스 계획에 따라 지역사회의 적절한 기관이나 자원을 선정하는 데 관여하는 것이다. 이를 위해 사례관리자는 클라이언트 욕구에 적절하고 적합한 서비스를 제공할 수 있도록 지역사회자원을 충분히 파악한 다음 각 기관의 프로파일과 질적 사정 내용을 확보하고 있어야 한다. 또한 지금까지 수행해 온 사례관리자로서의 직접적인 경험도 중개를 효과적으로 이끄는 바탕이 된다. 이 전략의 목적은 클라이언트의 욕구와 관련된 서비스를 보유하고 있는 기관을 분명히 하고 선정하는 것이다.

(2) 연계기능

연계기능은 클라이언트의 복합적인 욕구를 충족시키는 데 필요한 서비스와 자원에 클라이언트가 접촉할 수 있도록 혹은 그에게 접근되도록 하는 것이다. 사례관리자는 이를 위해 필요한 자원이 무엇이고 어느 통로를 통해서 혹은 어느 기관을 통해서 누구를 통해서 이런 자원이나 서비스에 접촉될 수 있는지를 파악하고 실행해야 한다. 연계기능에서 사례관리자는 공식·비공식 지원체계 간의 경직성과 단편성, 분절성이나 파편성, 비접근성 등을 극복해야 하며, 연계 과정상의 장애요인을 파악하여 제거하거나 극복해야 한다.

(3) 옹호기능

옹호기능은 클라이언트와 가족의 권리에 대한 인권 침해나 불평등에 맞서서 이들의 권익을 대변하고 홍보하는 것이다. 사례관리자는 클라이언트나 가족들이 권익에 대한 인식 부족, 무기력, 무능력 등에서 벗어나도록 돕고, 교육하며, 관련 정책과 제도가 변화되도록 주장해야 한다. 옹호는 서비스의 공정성을 보장하는 것이고, 클라이언트의 가족들을 대신하여 혹은 그들과 함께 주장하며, 교섭하고 환경을 변화시켜 나가는 것이다. 애초부터 불리한 조건 속에서 삶을 시작했거나, 인생의 여정 속에서 불평등한 상황에 놓인 클라이언트에게 공평한 기회와 자원이 부여되도록 사례관리자는 체계적인 노력을 해야 한다. 따라서 사례관리자는 클라이언트를 대변하거나 그들이 스스로의 권익을 옹호할 수 있도록 정보를 제공하고 용기를 북돋우며, 관련 정책과 제도 변화를 촉진해야 한다.

(4) 조정기능

조정기능은 의뢰된 서비스가 클라이언트 수준에 맞는 서비스로 제공될 수 있도록 서비스를 조정하는 것이다. 이를 위해서는 관련 기관이나 관계망들이 상호 간에 조화롭고 적합한 방법으로 클라이언트에게 서비스를 제공하도록 사례관리자의 관여가 필요하다. 조정의 주요 요소로는 조직 간 혹은 기관 간 협력을 저해하거나 방해하는 요인을 제거하고 서로 상생하는 협력을 유지하는 것이다. 또한 이 과정에서는 특정 기관이나 전문가의 관심과 이득이 드러나기보다는 서비스를 필요로 하는 클라이언트의 욕구가 우선적으로 강조되어 상호협력의 가치를 공유하는 것이 좋다. 서비스를 제공하는 기관에는 공식 · 비공식 계약이나 협의를 통해 상호협력의 결과로 주어지는 이점과 보상을 분명히 하는 노력도 필요하다.

제2절 사례관리자의 역할과 자격 기준

1. 사례관리자의 역할

사례관리의 기능이 다양한 것처럼 사례관리자의 역할 또한 다양하다. 사례관리자는 대상자를 사례관리 하는 데 있어 여러 가지 역할들을 수행하게 되는데 사례관리자가 수행하는 역할들을 구체적으로 살펴보면 다음과 같다(권진숙 외, 2012; 박미은, 2019; 이근홍, 2020).

1) 정보수집과 사정 활동

사례관리의 클라이언트는 일반적으로 복합적인 욕구를 지니고 있어 다양한 차원에서의 정보수집을 통해 이를 적절하게 구성하고 해석하여 클라이언트의 욕구와 문제해결 방향을 결정하는 것이 매우 중요하다. 이 과정에서 다양한 정보수집 전략을 구성하는 것이 중요하며 다양한 사정 기술을 통해 정보를 재구성하고 해석하는 과정에서 사례관리자의 주요 역할이 발견된다.

정보수집과 사정과 관련된 역할에서 사례관리자는 클라이언트의 현 상황을 구체적으로 검토하여 향후 변화를 추적, 관찰 및 특정하기 위한 기초자료를 형성하기도 한다.

2) 서비스 계획

사정단계에서 정보가 수집되고 대상자의 문제상황과 욕구, 그리고 이를 둘러싼 자원과 강점이 확인되면 구체적인 개입계획을 수립하게 된다. 사례관리는 클라이언트의 다양한 욕구와 문제를 다루기 때문에 한두 가지의 서비스가 필요한 것이 아니라 매우 다양한 서비스와 자원의 연계가 필요한 경우가 대부분이기 때문에 사례관리자는 지역사회 내의 다양한 자원과 서비스, 관련 기관, 조직 등에 대한 풍부한 사전 지식을 가지고 있을 필요가 있다.

3) 프로그램 배치 및 서비스 제공 및 조정 활동

사례관리 계획이 세워지게 되면 클라이언트의 변화를 위해 필요한 프로그램을 적절하게 배치하고 이를 조정하는 역할이 필요하다. 다양하게 이루어지는 개입 프로그램들을 클라이언트의 욕구를 중심으로 조정하고 통합적으로 이루어질 수 있도록 돕는 과정이라고 볼 수 있다.

4) 교육자

사례관리자는 클라이언트의 욕구 충족에 필요한 지식과 기술을 직접 가르치는 역할을 수행한다. 예를 들면, 클라이언트 자신에 대한 이해를 높이고 감정을 통제하거나 사고방식을 바꾸며, 다양한 생활기술을 익히도록 구체적으로 교육한다. 효과적인 교육을 위해서 사례관리자는 클라이언트 수준에 맞는 정확하고 충분한 정보제공과 함께 코칭, 모델링, 역할연습, 실제훈련과 같은 기법을 활용하기도 한다. 클라이언트의 경우 대체로 관련 정보가 부족할 뿐만 아니라 지속적인 욕구 충족을 위해서는 내면의 변화와 더불어 주위 환경의 변화가 필요하기 때문에 상담자의 역할만큼 교육자로서의 역할 또한 중요하다.

5) 위기개입가

사례관리 실천에서 클라이언트나 가족에게 위기상황이 발생하면 사례관리자는 위기개입가로서 신속하고 정확하게 개입한다. 위기의 정도 및 심각성을 사정한 후, 심리적인 안정을 위한 위기상담과 물리적인 원조를 제공하며 필요할 경우 전문기관으로 의뢰하거나 의료적 도움을 받도록 조치하기도 한다. 이와 같은 역할을 효과적으로 수행하기 위해서는 사전에 위기상황에 대비할 수 있는 자원목록을 확보하고 사례관리에서 꼭 필요한 자원이나 서비스의 경우에는 상시적인 연계체계를 구축하여 준비해 두는 것이 필요하다.

6) 점검자

사례관리자는 점검자로서 서비스 계획에 포함되어 있는 내용에 따라 목표가 성취되고 욕구가 충족되고 있는지 혹은 관련된 과업들이 적절히 수행되고 있는지를 확인하고 평가한다. 사례관리자는 직접적인 문제해결 활동 이외에도 클라이언트에게 서비스를 제공하는 기관들이 합의된 계획에 따라 움직이고 있는지를 면밀하게 분석한다. 점검은 단순한 확인에 머물지 않고 경우에 따라서는 재평가 및 계획과 목표의 변경을 요구하기도 하므로 지속적으로 모니터링하는 역할이 필요하다. 이와 같은 역할을 통해 클라이언트들은 사례관리 과정에서 많은 것을 배우고 성장하고 변화한다.

7) 지속적이고 원활한 의사소통

사례관리자는 클라이언트와의 의사소통뿐만 아니라 사례관리 과정에서 타 기관, 타 전문가, 지역사회 등 다양한 주체들과 의사소통을 하게 되는데 이 의사소통은 모두 클라이언트에 대한 사례관리의 효과적인 운영을 위한 필수과정이라고 볼 수 있다.

8) 옹호자

사례관리자는 클라이언트의 서비스 권리를 확보하고 장애물을 극복하기 위해 때로는 옹호자의 역할을 수행한다. 클라이언트를 대신하는 활동이므로 매우 적극적인 개입이다. 이는 서비스 제공기관들이 본래의 계획대로 협력하지 않고 서비스 제공을 거부하거나 미룰 때 다양한 옹호전략을 통해 그들을 변화시키려는 것이다. 예를 들어, 당사자나 해당 기관을 설득하거나 협의하는 전략에서부터 상위의 조직망이나 법적 권위, 여론화 및 사회적 연대를 활용하는 전략 등이 있다. 옹호자가 되기 위해서는 옹호를 위해 동원할 인적 · 물적 기반을 잘 알아야 하고 사례관리자로서 분명한 철학과 윤리의식 그리고 클라이언트에게 주어진 서비스 권리를 존중하고 이를 강화하려는 신념이 갖추어져야 한다.

9) 지역사회활동

효과적인 사례관리를 위해서는 평소에 사례관리자가 지속적으로 지역사회와의 관계를 원만하게 유지하는 것이 좋다. 지역사회의 다양한 관계는 하루아침에 이루어지는 것이 아니며 다양한 자원과 네트워크를 확보한 사례관리자는 클라이언트에게 보다 빠르고 효과적으로 서비스를 제공할 수 있기 때문이다.

2. 효과적인 사례관리자가 되기 위한 준비

사례관리자가 다양한 욕구를 가진 대상자를 중심으로 효과적으로 서비스를 제공하기는 쉽지 않다. 따라서 효과적인 사례관리자가 되려면 어떤 준비가 필요한지에 대한 미국 현직 사례관리자들이 분석하여 얻어진 결과를 바탕으로 우리의 상황과 현실에 맞게 서술을 내용을 구체적으로 살펴보고자 한다(Woodside & McClam, 2006, 최은정 외, 2017 재인용).

1) 다양한 역할 소화하기

사례관리자는 클라이언트를 옹호하는 역할, 중개하고 연결하는 역할, 조정하는 역할, 무엇인가 교육하고 정보를 제공하는 역할, 평가하는 역할, 감독하는 역할, 계획하는 역할, 직접적으로 문제를 해결하는 역할 등의 다양한 역할을 수행해야 한다. 그 이유는 사례관리자는 클라이언트와 함께 문제의 우선순위를 정하고 사례관리 계획을 세우고, 자원을 찾고, 이용하도록 하며, 다른 전문직과 상의하고 협력하며, 케어에 대한 조정책임을 지고 있기 때문이다. 사례관리자는 다양한 역할 수행에 대한 사전 마음가짐을 가져야 하고, 모든 상황에서 맡겨진 역할을 소화해야 한다.

2) 시간을 효율적으로 조직하여 사용하기

사례관리자가 자신의 업무시간을 조직화한다는 뜻은 자신의 시간을 잘 관리하여 클라이언트 면담과 같은 임상업무를 수행함과 동시에 문서작업과 같은 행정업무를 효율적으로 수행한다는 의미이다. 사례관리자가 행정업무 중에서 문서작업을 잘 수행하지 못한다면 고통받게 되는 것은 결국 클라이언트이다. 대부분의 사례관리자는 업무량이 많고, 현장의 열악한 상황 때문에 시간을 효율적으로 사용할 수 없다고 주장하지만, 그런 주장들 자체가 사례관리자의 여력을 빼앗아 버리게 된다. 문서업무는 클라이언트의 삶을 문서 속으로 옮기고 사례관리의 과정과 결정사항을 문서로 남기는 것이다. 또한 보호의 연속성을 담보해 낼 수 있는 중요한 기제이기 때문에 문서작업은 매우 중요하다.

사례관리자가 기록하는 문서는 초기사정, 가족력 조사, 심리사회적 사정, 면접일지, 의뢰나 연계 관련문서, 서비스 계획과 수행과정, 슈퍼비전 기록, 그리고 중간평가와 최종적 평가 등이다.

3) 의사소통 능력 강화하기

의사소통 기술은 다른 어떤 기술보다도 사례관리에서 매우 중요하다. 원조관계를 형성하고, 욕구와 상황을 파악하고 사정하며, 클라이언트와 의견을 조율하고 설득하고, 실행에 옮기도록 지지하고 격려하는 등의 과정에 의사소통이 필수적이기 때문이다. 의사소통에는 경청하기, 질문하기, 요약하기 정보 제공하기 등이 포함되고 특히 사례관리자는 개별상담 및 가족상담을 충분히 수행할 수 있는 기본적인 태도와 기술이 있어야 한다. 사례관리자는 클라이언트의 비밀스럽고 가슴 아픈 문제에 개입해야 하고, 법적 문제와 같이 심각한 문제도 함께 다루어야 하기 때문에 의사소통은 매우 중요하다.

4) 윤리적 의사결정

사례관리자는 윤리적으로 민감하게 반응해야 한다. 어떤 클라이언트는 사례관리자의 권유와 조언을 무시하고 서비스를 거부하며 약물치료도 거부하고 집단상담이나 개별상담도 거부한다. 사례관리자는 이런 상황에서 좌절을 겪게 된다. 그러나 그들은 자신의 인생살이를 결정할 권한이 있고, 사례관리자는 그들이 권리를 옹호해야 할 의무가 있다. 어떤 경우에는 클라이언트가 엉뚱하고 전혀 도움이 안 되는 결정을 내리는 과정을 보고 사례관리자가 보고 있어야만 할 때도 있다.

비밀보장은 자주 윤리적 갈등을 초래하는데 특히 다른 기관이나 다른 전문가에게 의뢰를 할 때 어디까지 그의 문제를 공개해야 하는지 고민하게 된다. 근래에는 컴퓨터나 데이터 전산망과 관련하여 컴퓨터의 보완 프로그램이나 데이터전산망에 접속할 수 있는 권리, 클라이언트에게 열람할 권리를 어떻게 부여할 것인가 등이 중요한 화두로 등장하고 있다. 때로는 클라이언트나 가족들이 어떤 거래를 요구하기도 하고 기관의 어떠한 필요성 때문에 윤리적 정당성을 위협받을 때도 있지만 사례관리자는 어떠한 경우에도 윤리성을 지켜나갈 수 있도록 노력해야 한다.

5) 사회복지 외에 다양한 지식이 필요함

사회복지업무와 직결된 지식은 기초수급대상자의 자격 기준, 장애등급 기준 등이 있으며 행정적 지식은 의료 지식, 법률 지식, 주택 철거나 신축에 관련된 지식 등이 있다. 따라서 사례관리자는 직결된 지식과 행정적 지식은 물론 전문화된 지식도 때로는 필요하다.

사례관리자는 보편적이거나 일탈적인 인간행동, 각종 심리사회적 문제, 다양한 원조방법에 대한 전반적 지식을 가지고 있는 것이 대상자에게 서비스를 제공하는데 훨씬 유리하다.

6) 비판적이고 명확하게 생각하도록 노력하기

클라이언트의 상황은 매우 복잡하게 얽혀 있는 경우가 많기 때문에 사례관리자들은 세부사항에만 관심을 두고 세부적인 것들을 파악하기 위해 많은 에너지를 사용하게 된다. 그러나 나무만 보고 숲을 보지 못한다면 문제가 나아진다고 해도 국지적인 것에만 머물게 되곤 한다. 개인적이고 작은 부분뿐만 아니라 그 사례의 전체적인 흐름이나 맥락을 파악하는 객관적이고 명확한 사고를 하도록 노력해야 한다. 작은 문제나 상황들이 모여서 그의 인생이 이루어지며, 그 가족의 역학이 조성되는 것이기 때문에 의식적으로 체계적인 사고를 하도록 사례관리자는 많은 노력을 기울여야 할 것이다.

7) 사례관리자가 항상 명심해야 할 클라이언트와의 관계

사례관리자가 사례관리를 장기간 수행하다 보면 클라이언트의 일상생활의 세세한 부분을 많이 파악하게 되고 때로는 과도한 친밀감이 생기기도 한다. 하지만 의존적이고 수동적인 클라이언트는 사례관리자의 지나친 보호본능을 부추길 수도 있고, 저항적이고 공격적인 클라이언트는 사례관리가 종료되도록 만들 수도 있다. 이런 과정 자체에서 전이와 역전이가 발생할 수 있음을 항상 명심하고 현명하게 대처하도록 노력해야 한다. 따라서 사례관리자는 클라이언트로 인해서 우울하고 죄책감을 느끼며 상처를 받고 트라우마가 생길 수도 있다. 그러나 합리적인 태도를 유지하면서 지혜롭게 잘 대처할 수 있도록 많은 노력을 기울여야 할 것이다.

3. 사례관리자의 자격 기준

1) 자격 기준

사례관리자의 자격 기준에 대해 구체적인 자격조건을 제시하고 있지는 않다. 이에 어떤 분야의 교육과정과 훈련을 받고 사례관리 자격을 갖춘 사람인가는 매우 중요한 부분이다. 그러나 효과적인 사례관리를 위해서는 다학문적인 접근이 요구된다. 왜냐하면 복잡하고 다양한 문제를 가진 대상자의 경우 다양한 분야의 전문가의 도움이 필요하기 때문이다. 따라서 사회복지학, 간호학, 보건학, 교육학, 상담 심리학, 청소년·아동·노인 전공 등의 다양한 학문의 영역이 실천 현장에서 요구되고 있다.

실제로 미국의 경우 사례관리자의 4분의 3이 사회복지사이며, 나머지 4분의 1은 간호사, 작업치료사, 물리치료사, 의사, 재활상담원 등이 담당하고 있다. 현재 우리나라에서는 특별한 자격조건을 제시하고 있지는 않다. 그러나 사례관리자는 사회복지사 1급 취득 후 사회복지실천 경력 2년 이상인 자이거나 혹은 사회복지사 2급 취득 후 사회복지실천 경력이 4년 이상 되어야 한다. 또한 사례관리와 관련된 교육과 훈련을 받아야 한다(한국사례관리학회, 2021).

사례관리자의 교육, 훈련을 세 가지로 구분하여 살펴보면 다음과 같다(장인협 · 우국희, 2001).

첫째, 사례관리 활동을 이끄는 중심 가치인 참여, 자기결정, 비밀보장, 정상화 등에 대한 교육이다.

둘째, 정신장애, 약물남용, 지적장애 등 정신보건 관련 문제의 원인, 정의, 결과, 제한점 등에 대한 지식, 의료조치 및 법적 권한, 지역사회 내 특정 서비스의 이용 가능성, 장기보호 영역에 대한 기본 정보교육 등이다.

셋째, 서비스 이용자와 관계 형성하는 기술, 실제적 문제해결 기술, 위기 상황에 개입하는 기술, 효과적으로 서비스 이용자를 옹호하는 기술, 자원을 연계하는 기술 등 사례관리 과정과 관련된 기술교육이다.

2) 사회복지 사례관리 표준 실천지침

한국사례관리학회(2021)에서 제시한 사례관리표준안을 13가지로 구분할 수 있다. 구체적인 내용을 살펴보면 다음과 같다.

표준 실천지침 1 사례관리 개념

사례관리란 복합적이고 다양한 욕구가 있는 클라이언트와 그 가족의 사회적 기능 회복을 돕는 통합적 실천방법이다. 이를 위해 운영체계를 확립하고, 클라이언트와 함께 강점관점의 체계적인 사정을 해야 하며, 클라이언트의 내적자원 및 지역사회 자원을 개발하고 활용하여 삶의 질 향상을 위해 노력해야 한다.

표준 실천지침 2 가치와 윤리

사례관리자는 사회복지전문가로서 사회복지 가치를 준수하고 사회복지사 윤리강령을 따라야 한다. 특히 클라이언트의 생명과 인권에 대한 존중, 자기결정권, 비밀보장 등의 가치를 반영해야 한다.

표준 실천지침 3 이론과 지식

사례관리자는 생태체계적 관점, 강점 관점 등 사례관리 실천과 관련된 이론, 증거기반 지식, 정책, 조사 결과, 그리고 평가에 관한 지식을 획득하고 사용한다. 또한 가족기능 및 지역사회 네트워크와 관련된 이론과 지식을 겸비하고 이를 활용하여 사례관리 실천의 질을 보장하여야 한다.

표준 실천지침 4 사례관리 운영체계

사례관리기관은 사례관리를 효과적으로 실천하기 위하여 ① 사례관리 전담인력과 전담조직 ② 사례발굴 및 의뢰체계 ③ 자원체계 ④ 사례회의 및 슈퍼비전체계 ⑤ 내·외부지원체계 등의 운영체계를 갖추어야 한다.

표준 실천지침 5 사례관리자의 자격

사례관리자는 사회복지사 1급 취득 후 사회복지실천 경력이 2년 이상인 자이거나 혹은 사회복지사 2급 취득 후 사회복지실천 경력이 4년 이상 되어야 한다. 또한 사례관리와 관련된 교육과 훈련을 받아야 한다.

표준 실천지침 6 초기면접단계

초기 면접단계에서는 ① 관계 형성, ② 정보수집, ③ 클라이언트 선정, ④ 사례관리과정 안내, ⑤ 동의 및 계약 절차가 이행되어야 한다.

표준 실천지침 7 사정단계

사정단계에서는 클라이언트의 욕구사정과 자원사정을 수행해야 한다. 욕구사정에서는 클라이언트의 제시된 요구와 욕구를 확인하고, 자원사정에서는 클라이언트의 강점과 자원, 장애물을 파악해야 한다. 또한 이 과정에 클라이언트 및 관련체계를 참여시켜야 한다.

표준 실천지침 8 목표수립 및 계획단계

목표수립단계에서는 사정결과에 근거하여 개별화된 목표를 수립하여야 한다. 서비스 계획단계에서는 자원체계와의 협력에 기반하여 서비스 제공자, 기관, 달성 방법 및 시간 계획이 제시되어야 한다. 사례관리자는 이러한 계획을 클라이언트와 합의하여야 한다.

표준 실천지침 9 실행 및 점검단계

실행 및 점검단계에서는 클라이언트와 함께 서비스 계획을 실행하며 클라이언트 목표달성 여부, 변화상황, 계획실행과 관련된 어려움을 점검한다. 이때 사례관리자는 클라이언트가 목표달성을 할 수 있도록 교육과 상담, 정보제공, 지지 및 옹호, 자원발굴과 연계, 조정 활동을 수행한다.

표준 실천지침 10 평가 및 종결단계

평가단계에서는 클라이언트와 함께 목표달성 여부와 변화 정도, 서비스 실행계획, 이행 여부, 사회적 지지체계의 활성화 정도를 평가해야 한다. 종결단계에서는 클라이언트와 함께 종결 시기를 결정하고, 종결에 대한 감정을 다루며, 사후관리 계획을 수립해야 한다.

표준 실천지침 11 기록

사례관리자는 사례관리의 과정을 문서화해야 한다. 초기면접지, 사정기록지, 서비스 계획 및 점검표, 서비스 과정기록지, 종결보고서 등을 기록해야 하며, 모든 기록은 비밀이 보장될 수 있도록 관리되어야 한다.

표준 실천지침 12 적정 사례 수

사례관리의 질적 수준을 유지하기 위하여 집중사례관리 수는 사례관리 전담인력 1인당 20사례를 넘지 않도록 해야 한다.

표준 실천지침 13 기관의 책임과 사례관리자의 전문적 발전

기관에서는 사례관리자의 교육 참여를 적극 지원하고, 사례관리에 대한 전문적 지식과 풍부한 경험이 있는 슈퍼바이저를 위촉하여 정기적인 슈퍼비전을 시행해야 한다. 또한 사례관리자의 안전보장 및 소진예방을 위한 대책을 마련해야 한다. 사례관리자는 자격유지와 전문성 향상을 위하여 지속적인 사례관리 교육에 참여해야 하며, 적절한 슈퍼비전을 받아야 한다.

▎참고문헌 ▎

권진숙 외(2012). 사례관리론. 학지사.

박미은(2019). 사회복지사를 위한 사례관리. 양서원.

이근홍(2020). 사례관리론. 지식공동체.

최은정 외(2017). 사례관리론. 양서원.

한국사례관리학회(2021). http://www.kacm.net

Woodside, M., & McClam, T.(2006). *Generalist Case Management : A Method of Human Service Delivery*(3rd ed.). Thomson Brooks/ Cole.

CHAPTER 05

사례관리의 관점

제1절 사례관리 관점에 대한 이해

CHAPTER 05

사례관리의 관점

제1절 사례관리 관점에 대한 이해

1. 사례관리의 관점

사례관리는 다양하고 복잡한 문제와 욕구를 가지고 있는 클라이언트를 대상으로 그들의 문제를 지혜롭고 현명하며 보다 효율적이고 효과적으로 해결하기 위하여 공식적·비공식적으로 연계하여 지원하는 통합적 사회복지실천방법이다. 따라서 본 장에서는 클라이언트의 다양한 문제를 해결하기 위한 사례관리의 관점 중 생태체계적 관점, 강점 관점, 임파워먼트 관점, 네트워크 이론, 여성주의 관점 등의 다섯 가지로 구분하였으며, 구체적인 내용을 살펴보면 다음과 같다(김성천 외, 2021; 남미애, 2018; 박미은, 2019; 정성배 외, 2019).

1) 생태체계적 관점

생태체계적 관점이란 환경 속의 인간이라는 개념을 적용하여 인간과 환경 간의 적절한 상호작용이 건강하고 안녕한 삶에 있어서 매우 중요하다고 보는 것이다. 즉, 인간은 환경에 잘 적응하고 환경은 인간의 욕구에 반응적이고 지지적일 때, 인간의 건강하고 안녕한 삶이 확보될 수 있다는 것에 주목하고 있다.

1970년대에 클라이언트를 변화시키고 돕는 실천가들은 당시 사회적 관심이 높아지고 있는 커뮤니티 조직, 사회정책, 사회행동으로부터 자신들의 실천을 방어하기 위해서 환경 속의 인간을 강조하는 심리사회이론(psychosocial theory)으로 관심을 돌리게 되었다. 또한 1980년대에는 자아심리학(self-psychology), 대상관계(objective relations), 부부 및 가족이론, 인지/ 행동(cognitive/ behavioral), 위기개입(crisis intervention), 과업중심(task-centered), 임파워먼트 이론 등 다양한 이론들과 함께 생태학적 관점이 유행하게 되었다. 생태체계적 관점은 실천모델이라기보다는 이론적인 배경으로서 개인의 상황을 보는 눈을 확대시켜 주는 관점이라고 볼 수 있다. 브론펜브레너(1979)는 인간과 환경과의 미시체계, 중간체계, 외체계, 거시체계, 시간체계의 다섯 가지로 구분하였는데 구체적인 내용은 다음과 같다.

(1) 미시체계

미시체계는 개인의 성장 단계에 따라 달라진다. 집의 크기, 공원의 시설물, 지역 도서관의 도서와 같은 물리적 특성으로 구성되며, 가족, 친구, 이웃, 동료 등의 직접적인 상호작용이 이 체계에서 이루어진다.

(2) 중간체계

중간체계는 개인에게 다양하게 중복되어 상호작용하는 미시체계 간의 관계망으로 구성된 가족과 학교 간의 관계, 지역 교육기관과 직장 간의 관계, 이웃 및 친구와의 관계 각각 존재한다.

(3) 외체계

외체계는 중간체계가 확장된 것으로서 개인에게 직접 영향을 미치는 환경은 아니지만, 개인의 삶에 영향을 미치는 환경을 의미한다. 부모의 환경, 근무 조건, 이웃, 사회복지기관, 지역위원회, 대중매체, 취업지원, 정부기관, 사회적 관계망이 있다.

(4) 거시체계

거시체계는 개인이 소속한 문화와 그 하위문화로 개인에게 간접적 영향을 미치는 교육적 · 사회적 · 경제적 · 법적 · 종교적 체계를 의미한다. 관습과 일상생활 습관으로 표현되는 이데올로기로 비록 간접적이기는 하나 매우 강력한 영향력을 발휘한다.

(5) 시간체계

시간체계는 시간에 따라 일어나는 변화의 사회 역사적인 환경을 의미하며, 그 예로 가족제도의 변화, 결혼관의 변화, 직업관의 변화를 들 수 있다. 시간체계는 발달적 변화에서 촉발되는 외부 환경(입학, 이혼, 입사, 퇴사, 복권 당첨 등)의 개인변화(사춘기, 갱년기, 만성질병 등)의 경험을 통해 관계의 변화를 가져온다.

2) 강점 관점

강점 관점은 학대, 억압, 차별, 역경을 겪었던 사회적 약자에게도 희망, 인내, 회복력, 긍정적 기대 등 강점이 있다는 것을 전제한다. 이런 관점을 사례관리에 적용하면 클라이언트의 문제나 약점에 초점을 맞추는 것이 아니라 지금까지 살아오면서 성공한 경험, 잠재력, 문제를 해결한 경험 등에 초점을 맞추게 된다. 클라이언트가 당면한 문제도 검토하지만 클라이언트가 어려움 속에서도 잘 견디어 온 점, 도움이 되었던 자원이나 사람, 동기 등에 더 많은 비중을 둔다. 강점이란 엄청나게 대단하거나 가시적인 것이 아니라 클라이언트가 어느 정도 할 수 있다고 인정하는 것이어야 하며 클라이언트에게 중요한 것이어야 한다. 사례관리자의 눈에 강점이라고 생각하더라도 클라이언트가 강점이라고 느끼지 않고 그것을 잘 활용하지 못한다면 강점이라고 할 수 없다.

따라서 사례관리의 기본 목적은 클라이언트 스스로 자립이나 자활, 독립생활을 통해 자기보호의 주체가 되는 것이다. 이와 같은 목적을 위해 사례관리에서 유용하게 적용할 수 있는 관점이 바로 강점 관점이라 할 수 있다.

기존의 병리 관점과 강점 관점의 차이를 비교하여 제시하면 다음과 같다(표 5-1 참조).

〈표 5-1〉 병리적 관점과 강점 관점의 비교

병리적 관점	강점 관점
개인을 '사례'로 정의한다. 증상을 보고 진단을 한다.	개인을 독특한 존재로 정의한다. 특성, 재능, 자원을 강점에 추가한다.
문제에 초점을 둔 치료를 한다.	가능성에 초점을 둔 치료를 한다.
개인의 이야기는 전문가에 의한 해석을 통해 진단을 환기시키는 데 도움을 준다.	개인적인 이야기는 그 사람을 알고 평가하기 위한 과정에 필수적인 요소이다.
실천가는 개인의 이야기에 회의적이다.	실천가는 그 사람의 내면으로부터 개인들을 이해한다.
아동기 외상은 성인 병리의 전조 증상이며, 예측 요인이다.	아동기 외상은 병리의 예측 요인이 아니다. 그것은 개인을 약하게도 강하게도 할 수 있다.
치료 작업의 중심은 실천가에 의해 고안된 치료계획이다.	치료 작업의 중심은 가족, 개인, 혹은 지역사회의 열망이다.
사회복지사는 클라이언트 삶의 전문가이다.	사회복지사가 클라이언트 삶의 전문가가 아니라, 클라이언트, 가족, 지역사회가 전문가이다.
선택, 통제, 헌신, 개인적 발달의 가능성은 병리에 의해 제한된다.	선택, 통제, 헌신, 개인적 발달의 가능성은 열려 있다.
실천을 위한 자원은 전문가의 지식과 기술이다.	실천을 위한 자원은 개인, 가족 혹은 지역사회의 강점 역량과 적응적 기술이다.
원조는 증상들과 행동, 감정, 사고, 관계의 부정적인 개별적, 사회적 결과들의 영향을 줄이는 데 초점이 있다.	원조는 삶에 대한 확신을 가지고 살아가도록 돕고, 유익한 가치들과 헌신성을 발달시키며, 지역사회에 대한 소속감을 발전시켜 나가는 데 초점을 둔다.

우리나라에서도 최근에 강점 관점을 활용한 사례관리 실천이 늘고 있는데 사례관리 실천에서 강점 관점을 활용하는 원칙을 살펴보면 다음과 같다(노혜련 · 유성은, 2007).

① 모든 사람은 강점이 있다고 믿는다. 이에 사례관리 실천과정은 각 개인의 장점과 관심에 초점을 두고 이를 적극적으로 활용한다. 삶의 고난에도 불구하고

모든 사람은 자신의 삶의 질을 향상시키는 데 필요한 강점을 가지고 있다. 대부분의 경우에 클라이언트는 부정적인 것보다는 긍정적이고 기능적인 면이 많다고 믿는다.

② 모든 사람은 본래부터 배우고, 성장하고, 변화할 수 있는 능력을 가지고 있다. 이에 사례관리 실천과정은 클라이언트에 대한 기대를 가능한 한 높이 설정하고 그들이 가지고 있는 관심, 희망, 꿈에 초점을 두고 전개하는 것이 좋다.

③ 클라이언트는 자신을 위한 최선의 것을 결정할 능력이 있으므로 사례관리 실천과정은 클라이언트가 원하는 것에 초점을 맞춘다.

④ 사례관리자는 클라이언트와 협력할 때 가장 효과적으로 실천할 수 있다.

⑤ 모든 환경은 클라이언트를 도와줄 수 있는 잠재적 자원이다. 이에 사례관리자는 가족, 이웃, 친구, 친지 등을 통해서 이미 자연적으로 이루어지고 있거나 앞으로 이루어질 수 있는 비공식적 자원을 먼저 찾아 촉진시키는 것이 필요하다.

다음의 자료는 사례관리자가 강점 관점으로 실천하고 있는가를 스스로 점검해 볼 수 있는 측정 도구이다(최선희 · 정재연, 2020).

〈표 5-2〉 강점 관점 자가진단표

문 항	항상 그렇다	주로 그렇다	가끔 그렇다	전혀 그렇지 않다
1. 나는 모든 사람들은 성공할 수 있는 잠재능력이 있고 잘할 것이라는 확고한 신념이 있다.				
2. 나는 모든 사람들이 주어진 조건과 자원을 변화시킬 수 있고, 배우고 성장하는 능력은 개발 · 동원될 수 있다고 믿는다.				
3. 나는 사람들의 독특한 강점과 능력을 보면서 그들의 한계가 아닌 있는 그대로의 그들을 규정한다.				
4. 우리가 초점을 두는 것이 우리의 현실이 될 것이기에 나는 부정적 라벨을 붙이는 것보다 강점에 초점을 두고 있다고 믿는다.				

5. 나는 내가 사용하는 말이 사실화되는 경험을 만들어 낼 것이기에 사람들의 강점과 잠재력을 존중하는 방식으로 말한다고 생각한다(그러한 관점을 가지고 있다).				
6. 나는 모든 사람은 성공하기 위해 노력하고, 자기 자신을 유용한 사람으로 만들기 위해 노력한다는 것을 믿는다.				
7. 나는 긍정적 변화는 진실한 관계에서 만들어질 수 있고, 그래서 존경과 의미 있는 방식으로 사람들과 함께 일해야 한다는 신념을 가지고 있다.				
8. 나는 사람들이 가지고 있는 강점 혹은 나타나고 있는 강점과 능력을 향상시키는 데 일차적으로 초점을 두고, 그것들을 기회로 삼는다.				
9. 나는 각 사람들의 현실에 대한 관점이 우선이라는 것을 믿는다. 그러므로 그들의 이야기를 듣고 그들에게 의미 있는 것이 무엇인지 이해하는 데 시간을 할애한다.				
10. 사람들이 이미 알고 있는 것들을 가지고 시작할 때 미래로 나아갈 수 있기 때문에 나는 항상 알고 있는 것으로부터 편안하게 시작한다.				
11. 나는 능력을 개발하는 것을 과정이자 목표로 삼고 일한다. 그리고 그것이 역동적인 삶의 여정에서 다른 사람들을 돕는 바른 방식이라고 인식한다.				
12. 한 아이를 키우기 위해서는 한 마을이 움직여야 한다는 말처럼 협력이 무엇보다 중요하다는 것을 인식하고 있다.				
13. 나는 강점 기반 원리와 실천에 대한 충분한 이해가 있고, 그것들을 실천과정에서 적용하고 있다.				

※ 진단점수는 따로 없고 대략적인 수준을 판단하는 것이다.

3) 임파워먼트 관점

임파워먼트(empowerment)는 경영학, 사회복지학, 간호학, 교육학 등 여러 분야에서 다양하게 쓰이고 있으며, 분야별로 서로 조금씩 다른 의미를 제시하고 있다. 임파워먼트 관점은 권한 부여, 역량 강화, 세력화 등으로 표현되며, 사회복지 실천영역에서 매우 의미 있게 사용되고 있다. 임파워먼트는 학문 분야에 따라 다양한 의미로 사용되는데 사회복지에서는 빈곤, 방임과 폭력, 질환과 장애 등 인간을 억압하는 환경에 대응하여 개인, 가족, 집단, 지역사회가 스스로를 조정하는 힘을 가지고 사회 환경의 구조적 변화에 참여하여 자신과 타인의 삶의 질을 높이려는 과정이자 돕는 방법에 의미를 두고 있다. 사례관리에 적용하면, 사례관리자와 클라이언트가 힘을 합하여 사회취약층의 무기력과 환경적 어려움에 대응해 나가는 과정이고 이 대응 과정에 참여하며 얻는 성과라고 할 수 있다(Adams, 2003; Rapappor, 1987).

임파워먼트의 핵심은 개인이 자신을 스스로 격려하며 힘을 복돋우면서 다른 사람들이나 사회환경과의 상호작용을 효과적으로 수행해 나갈 수 있는가이다. 이 자기 임파워먼트(self empowerment)는 개인이 사회 환경에 대해 알고 느끼는 총체적 활동을 거쳐서 자신, 자신이 처한 상황을 파악하며 의식화하고 성찰적이 되면서 자아성장을 이루어 내는 성과를 포괄한다(Adams, 2003).

사례관리자가 사회복지실천의 환경 속의 인간 맥락에서 클라이언트의 임파워먼트를 돕는 실천은 개인과 사회의 두 차원에서 이루어진다. 개인적 차원에서 사례관리자는 클라이언트가 자신의 강점을 파악하고 잠재력을 활용하여 자신의 삶과 상황에 유익한 변화를 일으킬 수 있도록 지원하면서 궁극적으로 자기 임파워먼트에 이를 수 있도록 돕는 것이다. 개인이 자신과 사회 환경에 대해 성찰적 사고와 변화 노력을 해 나가면서 강화된 역량은 사회적 임파워먼트로 발전할 수 있다.

사회적 임파워먼트(social empowerment)는 집단 과정과 역동을 활용할 수 있는 조직, 지역사회 공간에서 다양하게 수행될 수 있다. 집단, 조직, 지역사회는 모두 이해관계가 있게 마련이므로 상호 대화하며 각자가 주체로서 권한을 가지고 파트너십을 형성하여 공동으로 형성한 목적과 목표를 중심으로 과업을 수행하면서 사회적 임파워먼트를 생성한다. 나아가 시행착오를 겪으면서 협력의 힘이 강화될 수 있다(Adams, 2003).

따라서 임파워먼트는 한 개인이나 집단이 다른 사람에게 힘을 전달하거나 나누어 주는 과정이라고 할 수 있는데 임파워먼트의 성격을 살펴보면 다음과 같다(홍혜경, 2016).

① 임파워먼트는 개개인 내부의 힘을 전제로 한다. 이 힘은 임파워먼트를 지니는 개개인의 자율성과 능동성을 바탕으로 삶에 영향을 미치는 문제에 활발히 참여하며 적극적인 변화를 추구한다.

② 임파워먼트는 자신을 믿고 스스로를 책임지는 능력과 자기통제적인 힘을 가진다. 임파워먼트는 스스로의 노력을 통하여 힘을 인식하고 발현하며, 그 결과 어떤 일에 대한 개인적인 능력과 권한 및 자긍심에 대한 신념이 증가되는 것이다.
③ 임파워된 개인은 자신과 타인의 힘을 인식하고 각자의 가치에 대해 인정하게 한다. 이를 통해 서로를 존중하여 협동하는 태도를 지니게 된다. 이러한 과정에서 긍정적이고 역동적인 상호작용을 통해 문제해결 및 의사결정에 있어 시너지 효과의 추구에 관심을 가진다. 이는 개인의 자율성과 책임감을 바탕으로 한다.

4) 네트워크 이론

네트워크는 자원, 기술, 사회관계, 지식, 신뢰 등을 서로 공유할 수 있는 사람 또는 단체의 공식적 · 비공식적 망을 의미한다. 정보, 인력, 설비 등 자원의 공유를 통해 클라이언트의 욕구를 충족시키고 서비스의 중복 및 단절을 최소화하고 서비스의 효과성, 효율성을 높일 수 있다. 더불어 지역사회 간의 네트워크는 소속감과 공동체 의식을 증진시킬 수 있다.

네트워크 이론은 사례관리를 위한 운영체계 구축은 물론 사례관리 과정에 널리 사용될 수 있다. 사례관리를 위한 운영체계 구축에서는 지역사회기관과의 협력, 통합사례관리팀 구축, 인적 · 물적 지원망 구축 등에 적용될 수 있다. 사례관리 과정 중 계획 수립 및 실행에서는 공식적 · 비공식적 지지망을 구축하고 지역사회기관과 연계 및 협력을 행하는 데 적용 가능하다.

평가에서는 클라이언트에게 제공된 공식적 · 비공식적 자원, 서비스에 참여한 지역사회기관과의 연계, 협력 정도를 파악하는 데 활용할 수 있다.

이러한 관점에서 사회복지조직이 네트워킹을 추구하는 근본적인 이유에 대해 다섯 가지로 구분할 수 있는데 구체적인 내용을 살펴보면 다음과 같다(황성철 외, 2015).

(1) 자원에 대한 필요성

자원에 대한 필요성은 조직이 다른 조직과 협력 또는 네트워크 체계를 구축하는 가장 큰 이유가 된다. 한 조직이 단독으로 획득하기 어려운 고도의 전문화된 자원이나 정치적 과정을 통해서 얻을 수밖에 없는 자원을 얻기 위하여 네트워킹을 시도하면 효율적이다.

(2) 조직 영역의 확장 필요성

조직이 새로운 사업을 통하여 시장을 확대하여 개척하고자 할 때 개별조직의 위험을 감소시키면서 새로운 시장에 진입하기 위하여 조직 간 협력과 네트워크를 한다.

(3) 경쟁력 강화를 위한 필요성

조직 간 협력을 통하여 경쟁력을 높일 수 있기 때문에 네트워킹을 시도한다. 특히 비교우위를 점하는 특정 조직이 규모나 지위에서 크게 차이가 날 때 약소 조직들이 서로 협력하여 경쟁력을 높일 수 있다.

(4) 변화에 적응하기 위한 필요성

급변하는 환경에 적응할 수 있는 능력을 갖추기 위하여 네트워킹을 할 수 있다.

(5) 규모의 경제와 비용 절감을 위한 필요성

협력과 네트워크 체계의 구축은 효율성을 담보로 한다. 지역사회 차원에서 유사한 서비스 대상에게 각기 다른 서비스를 제공하는 조직들이 있는 경우 접수나 진단, 평가 단계 등의 업무수행을 공유하여 서비스 제공 비용을 절약하거나 감소시킬 수 있다는 것이다. 따라서 이와 같은 네트워크의 특징을 다섯 가지로 구분하여 살펴보면 다음과 같다(배응환, 2003; 홍현미라, 2006; 한국사례관리학회, 김성천 외 2021 재인용).

첫째, 조직 및 구성원 사이의 의미 있는 상호관계가 존재한다.

둘째, 네트워크 구성원들이 교환하고 공동의 목적을 달성하기 위해 지속적인 상호작용을 한다.

셋째, 신뢰에 바탕을 둔 상호작용이 있다.

넷째, 네트워크 구성원 사이에서 합의된 규칙에 의한 통제가 있다.

다섯째, 구성원 사이의 상당한 정도의 자율성이 유지된다.

〈표 5-3〉 네트워크 이론의 사례관리 적용 방안

영 역	방 법
운영체계	• 조직 내부 관련 팀과 네트워크 구축 • 지역사회 협력기관과 통합사례관리팀 구축 • 지역사회 전문가를 중심으로 한 솔루션위원회 구축 • 인적 · 물적 자원망 구축
인테이크	• 클라이언트 및 가족과 연관된 비공식적인 정보원(친인척, 이웃, 학원 등)을 통한 정보 수집 • 클라이언트 및 가족과 연관된 공식적인 정보원(주민센터, 학교, 지역아동센터 등)을 통한 정보 수집
사 정	• 통합사례관리팀과 공동으로 통합사례회의를 통한 사정 • 고위험 사례의 경우 솔루션위원회의 솔루션회의를 통한 사정
개 입	• 통합사례관리팀 간의 역할 분담에 의한 서비스 제공 • 공식적, 비공식적 사회적 지지망 구축
점 검	• 통합사례관리팀을 활용한 정기적인 점검 • 솔루션위원회를 통한 정기적인 점검 • 공식적, 비공식적인 사회적 지지망을 통한 지속적인 점검
평 가	• 통합사례관리 네트워크 평가

출처 : 한국사례관리학회(2012).

5) 여성주의 관점

여성주의 관점에서는 여성 개인이 겪는 차별과 고통은 여성 집단이 겪고 있는 사회적 차별이며 사회구조적 폭력이라고 본다. 여성은 가부장적 제도나 사회구조적 폭력의 피해자라고 간주한다.

이 관점은 여성과 관련된 사례관리의 전 과정, 인테이크, 사정, 계획 수립 및 실행, 평가에서 널리 사용할 수 있다. 인테이크에서는 여성 클라이언트를 여성주의적 관점에서 이해 및 지지함으로써 협력적 관계형성을 할 수 있다. 사정단계에서는 여성으로서의 삶과 경험을 인정하고 여성주의적 시각에서 성역할 및 권력을 분석할 수 있다. 계획 수립 및 실행에서는 자기 표현을 증진시키고 자원을 활용할 수 있는 능력을 강화하는 등 여성 클라이언트가 원하는 변화를 실현시키고 원하는 권력을 가질 수 있도록 한다.

〈사례관리에서의 응용 질문〉

① 어렸을 때 가정이나 학교에서 주로 어떤 역할을 하였고 주변 사람들은 당신이 남자가 아닌 여자라는 이유로 당신에게 어떤 역할을 기대했습니까?

② 성역할 분석 : 어린 시절 가족들이 당신에게 강요한 역할이 당신에게 미친 긍정적 결과는 무엇입니까? 부정적 결과는 무엇입니까? 그런 성역할이 주는 메시지 중 어떤 것을 변화시키고 싶나요?

③ 권력 분석 : 당신은 가정에서 어느 정도의 영향력을 가지고 있으며 앞으로는 어떤 힘을 갖고 싶습니까?

▎참고문헌▎

김성천 외(2021). 사례관리론(개념, 기술, 실천역량의 이해). 학지사.

남미애(2018). 아동 · 청소년을 위한 사례관리론. 양서원.

박미은(2019). 사회복지사를 위한 사례관리. 양서원.

배응환(2003). 거버넌스의 실험 : 네트워크 조직의 이론과 실제–대청호 살리기 운동 본부를 중심으로. 한국행정학보, 37(3), 67-93.

정성배 외(2019). 사회복지 사례관리의 이론과 실제. 창지사.

최선희 · 정재연(2020). 현장기반 사회복지 사례관리 실제. 지식공동체.

한국사례관리학회(2012). 사례관리론. 학지사.

한국사례관리학회 편(2019). 사례관리 전문가 교육 : 실무자 기초과정(제2판). 학지사.

홍현미라(2006). 지역사회관계망을 활용한 자원개발경험의 유형에 관한 근거 이론 연구. 한국사회복지학, 58, 65-69.

홍혜경(2016). 임파워먼트에 기반한 초등사회와 협동학습 원리의 재탐색. 한국교원대학교 대학원 석사학위논문.

Adams, R.(2003). *Social Work and Empowerment*(3rd ed.). New York, NY : Palgrave Macmillan.

Bronfenbrenner. U.(1979). *The Ecology of Human Cevelopment*. Cambridge, MA : Havard University. Press.

Rapport, J.(1987). Terms of empowerment/examples of prevention. Toward theory for community psychology. *American Journal of Community Psychology, 15*(2), 121-128.

CHAPTER 06

사례관리의 모형

제1절 사례관리 모형에 대한 이해

CHAPTER 06

사례관리의 모형

제1절 사례관리 모형에 대한 이해

1. 사례관리자의 역할에 따른 사례관리 따른 Early와 Poertner(1995)의 모형

Early와 Poertner(1995)는 사례관리자의 역할에 따라 치료자 사례관리자 모형, 중개인 사례관리자 모형, 기관 간 팀 사례관리자 모형, 강점 관점 사례관리자 모형 등의 네 가지로 구분하였는데 구체적인 내용을 살펴보면 다음과 같다(정순돌, 2005, 전혜성 외, 2020 재인용).

1) 치료자 사례관리자 모형

기존의 사회복지 치료모형에서 사례관리자의 자원 연결 기능을 강화한 것이다(Lam, 1980). 심리적 사정은 DSM의 정신장애 진단기준에 준하여 이루어지며, 계획은 직접적인 치료가 우선된다. 모니터링은 사례관리 대상자와의 피드백을 통해서 이루어지며, 다른 기관과의 연계는 수동적인 편이다. 치료가 우선이며 부가적인 서비스 제공을 위해 지역사회 내의 다른 기관과 연계하는 정도의 개입이 이루어진다.

2) 중개인 사례관리자 모형

치료자 모델에서 발전한 것으로 서비스 기관들의 협력체계가 잘 구성되어 있지 않은 상태에서 보다 나은 서비스를 제공하기 위해 서비스에 대한 중개를 적극적으로 진행하는 모델이다. 프로그램의 자격요건으로 정신건강 진단 기준이 활용되며, 모니터링은 주기적으로 이루어진다. 사례관리자가 대상자의 욕구에 부합하는 서비스를 찾아 연계와 중개가 이루어진다.

3) 기관 간 팀 사례관리자 모형

이 모형은 서비스 조정에 합의된 기관들이 적극적으로 협력하여 서비스를 제공하는 모형이다. 사정은 각각의 전문가에 의해 이루어지며, 서비스에 대한 팀 계획이 우선시된다. 대상자가 다양한 서비스 체계와 관련되어 있을 경우 다 직종 간의 조정이 강조되는 모형으로 서비스 계획은 각 전문가의 사정 후 팀이 함께 종합적인 사정을 하며, 팀에 의해 정기적으로 모니터링이 이루어진다. 사례관리 팀의 리더가 연계에 대한 책임을 지기도 하지만, 팀원인 사례관리자가 연계를 진행하기도 한다.

4) 강점 관점 사례관리자 모형

사례관리 대상자와 그의 체계가 가지는 강점에 초점을 두고, 그들이 더 이상 사례관리자에게 의존하지 않고 스스로 자원을 찾아서 연계할 수 있는 능력을 갖추도록 하는 모형이다. 따라서 사정은 대상자 체계의 강점사정까지 포함하게 된다. 강점 관점 사례관리는 대상자 중심의 사례관리 모델과 같은 맥락에서 이해된다. 대상자와 그를 둘러싼 체계의 강점에 주목하여 사정하고 대상자와 그 가족이 자원을 획득하는 방법을 배울 수 있게 한다.

〈표 6-1〉 Early와 Poertner(1995)의 모형별 사례관리 과정

기 능	치료자	중개인	기관 간 팀	강점 관점
특 징	기존 치료에 사례관리 추가	서비스 체계가 잘 조정되어 있지 않으므로 클라이언트가 서비스를 잘 받도록 중개	클라이언트가 다양한 서비스 체계와 관련되어 있는 경우 다학제 간 전문팀이 조정하는 기능 수행	클라이언트와 그 체계가 갖는 강점에 주목
사 정	DSM에 의거	기능적 사정에 의거 서비스 욕구를 결정하고 재정 지원을 목적으로 프로그램 자격조건 사정	각각의 전문가에 의한 사정 후 팀이 만나 함께 종합적이고 임상적인 사정 실시	클라이언트와 가족의 능력과 자원, 즉 강점사정
계 획	사회복지관의 치료계획	사례관리자가 클라이언트의 욕구에 부합하는 서비스를 찾고 이를 주선	서비스에 대한 팀 계획과 주선	클라이언트와 가족이 필요한 자원과 기술을 획득하도록 계획(사례관리자에게 의존하지 않도록 함)
옹 호	클라이언트와 가족을 위해 필요한 것으로 보이는 다른 서비스를 얻을 수 있도록 옹호	서비스 자격조건의 유연성을 얻기 위해 다른 서비스 제공자에게 초점	모든 기관의 서비스 제공자가 서비스 제공에 동의하고 있으므로 옹호 노력이 필요 없음	클라이언트와 가족이 자원을 획득하는 방법을 배울 수 있도록 하고 기관의 변화를 위해 노력
모니터링	클라이언트의 피드백을 통해 계획의 진행정도가 모니터링됨	위기 상황이 다가오면 계획은 수정됨. 주기적 점검, 타 기관 사회복지사가 모니터링하기도 함	정기적으로 팀이 모니터링	클라이언트와 가족의 지속적 모니터링
연 계	부가적인 서비스 제공을 위해 지역사회 내의 다른 기관에 수동적으로 연계	특정한 서비스에 대한 가족의 인지로부터 재정적 보증 등을 포함한 능동적 의뢰	사례관리자 팀의 리더가 연계에 대한 책임을 지기도 하고, 팀원으로 구성된 사례관리자가 서비스 연계. 가족이 초기 사례관리자의 역할을 하기도 함	대상자와 가족이 자원의 효과적인 소비자가 되도록 하며, 연계에 대한 책임은 사례관리자, 대상자, 가족이 지게 됨. 공식적인 자원이 없을 경우에는 비공식적인 자원의 창출이 중요

출처 : Early & Poertner(1995).

2. 사례관리 서비스 제공자에 따른 Weil과 Karls(1985)의 모형

Weil과 Karls(1985)는 사례관리 서비스 제공자에 따라 전문가 모형, 치료자 모형, 학제 간 팀 모형, 가족모형, 지지적 보호 모형, 자원봉사자 모형, 종합서비스센터 모형 등의 일곱 가지로 구분하였는데 구체적인 내용을 살펴보면 다음과 같다(이근홍, 2006; 강흥구, 2016 재인용).

1) 전문가 모형

전문가 모형은 사례관리자가 개별 클라이언트 또는 클라이언트 집단의 서비스 조정에 대해 전문적 책임을 지는 모형이다. 이들은 대개 사회복지, 간호, 심리, 대인서비스 또는 직업재활 등에서 훈련받은 사람(석사 수준)으로서, 사례관리의 모든 기능을 수행하며, 직접 서비스 제공, 조정, 옹호 등을 제공한다. 이 모형은 전통적인 개별사회사업과 가장 유사하며, 클라이언트에게 필요한 서비스를 연계 조정하기 때문에 서비스 중개자 모형이라고도 한다.

2) 치료자 모형

치료자 모형은 사례관리자와 클라이언트 간의 관계의 목적이 치료적이다. 즉, 관계 설정의 목적이 치료에 초점을 두는 것이다. 이 모형에서 사례관리자는 대개 석사학위를 소유한 사회복지사, 심리학자, 정신의학자, 정신보건간호사가 담당하며, 이들 전문가와의 관계를 중시한다.

3) 학제 간 팀 모형

학제 간 팀 모형은 특정 전문영역의 서비스 활동에 개별적인 책임을 지는 다양한 학문 분야 간의 전문화된 팀의 개념에 기반한다. 학제 간 팀을 통해 접수, 서비스 연계, 서비스 접근 및 점검을 시행하며, 책임을 공유한다. 이 모형의 장점은 소진 예방, 어려운 사례의 책임 공유, 보호의 연속성 보장, 만성질환자 치료에서 서비스 통합을 증진시킬 수 있으나 여러 전문가가 활동함으로써 상호작용과 의사소통의 장을 확보하고 있어야 한다.

4) 가족모형

가족모형은 발달장애 부모가 장애아동의 사례관리자가 되거나 성인자녀가 노인의 사례관리자로서 역할을 수행하는 것을 말한다. 이 모형에서는 가족 간의 협력관계를 발달시키는 것이 중요하다. 가족들은 비숙련, 실수의 가능성이 있기 때문에 클라이언트와 가족, 사례관리자가 효과적인 서비스 조정과 옹호를 위해 협력해야 한다. 이 모형에서는 전문가들에 의한 공식적인 책임성과 서비스의 질적 보장 책임의 노력이 필요하다.

5) 지지적 보호 모형

지지적 보호 모형은 농촌사회나 도시 저소득 밀집 지역에서 활용되는데, 지역주민들을 지지체계로 활용하는 모형이다. 지역사회 주민들이 정신건강 서비스를 제공할 수 있으며, 그들이 필요로 하는 지역사회 지지를 효과적이고 경제적인 방법으로 수행할 수 있다. 예를 들어, 공공영역에서 활용이 시도되고 있는 복지이장 제도 등이 여기에 해당될 것이다.

6) 자원봉사자 모형

자원봉사자 모형은 자원봉사자가 공동협력을 통해 작업을 수행하는 것으로 자원봉사자가 훈련을 거쳐, 전문가의 지도 · 감독하에 직접적인 서비스를 제공, 점검하거나 조정하는 것을 말한다. 자원봉사자는 지지, 이송원조 등의 구체적인 서비스를 제공하며 준전문가로 역할을 수행한다. 자원봉사자를 지지자로 활용할 때는 그들의 역할을 명확히 이해할 수 있도록 하며, 그들의 임무에 대하여 적절한 교육과 지도감독을 받도록 해야 한다.

7) 종합서비스센터 모형

종합서비스센터 모형은 서비스센터를 통하여 사회적·정서적 지지, 직업훈련, 기숙시설 등을 포함한 포괄적인 서비스 제공이 이루어진다. 주로 만성 정신장애인, 지체 및 발달장애인, 자립지원시설 거주자, 위탁보호 가정의 청소년들에게 서비스를 제공한다. 거주자들에게 기본적인 서비스만을 제공하며, 만성 정신장애인 또는 약물남용자 등을 위한 재활프로그램 등은 다른 기관으로부터 서비스를 제공받는다. 이 모델은 보호의 연속성을 보장하면서 사례관리를 실천할 수 있고, 서비스 대상자의 독립적인 생활기술과 개인적으로 만족할 수 있는 생활양식을 습득하도록 하는 데 도움이 된다.

3. 사례관리 서비스의 포괄성에 따른 모형

사례관리 서비스의 포괄성에 따른 모형은 최소모형, 조정모형, 포괄모형 등의 세 가지로 구분되는데, 구체적인 내용을 살펴보면 다음과 같다(Rose, 1980, 이근홍, 2020 재인용).

1) 최소모형

이 모형은 사례관리자가 클라이언트에게 제공하는 서비스 중에서 출장원조, 클라이언트의 사정, 사례기획 및 서비스 제공자에 대한 의뢰 등을 포함하는 최소한의 서비스를 제공하는 것이다.

2) 조정모형

이 모형은 최소 모형에서 제공하는 서비스인 출장원조, 클라이언트의 사정, 사례기획, 서비스 제공자에 대한 의뢰 외에도 클라이언트에 대한 옹호, 직접적 개별사회사업, 자연지원체계의 개발, 재사정 등을 포함하는 서비스를 제공하는 것이다.

3) 포괄모형

이 모형은 조정모형에서 제공하는 서비스인 출장원조, 클라이언트의 사정, 사례기획, 서비스 제공자에 대한 의뢰, 클라이언트에 대한 옹호, 직접적 개별사회사업, 자연지원체계의 개발, 재사정 외에도 자원개발에 대한 옹호, 서비스의 질적 점검, 공공교육, 위기개입 등을 포함하는 서비스를 제공하는 것이다.

4. 사례관리 기능에 따른 모형

사례관리 기능에 따른 모형에는 할당 모형, 마케팅 모형, 중개 모형, 개발 모형 등의 네 가지로 구분되는데 Moore(1992)는 지역사회 내의 서비스 통합수준과 서비스 전달체계 내의 자원수준에 따라 다양하게 결정될 수 있다고 보고하였다. 구체적인 내용을 살펴보면 다음과 같다(이근홍, 2016 재인용).

1) 할당 모형

서비스 전달체계 내의 자원은 불충분하지만 통합의 수준이 높을 때 사례관리자가 가장 효과적으로 자원을 배분하는 방법이다. 이 모형은 서비스를 제공할 수 있는 법, 제도, 전달체계, 기관들이 잘 정비되어 있으나 클라이언트에게 전달할 사회자원이 부족한 경우 효과적으로 자원을 할당하기 위한 모형이다. 이 모형의 경우 부족한 자원을 확보하려는 노력이 필요하다.

2) 마케팅 모형

서비스 통합 수준과 전달체계 내의 자원 수준이 동시에 높은 상황에서 사례관리자가 클라이언트의 욕구와 적합한 서비스를 결합시키며 서비스를 조정하는 것이다. 여기서 마케팅은 서비스의 판매를 의미하는 것이 아니라 클라이언트의 욕구와 가장 적합한 서비스와의 연결에 초점을 두는 것을 의미한다. 서비스의 통합수준과 확보하고 있는 자원수준이 높기 때문에 클라이언트의 욕구를 명확히 파악하고, 그에 필요한 서비스를 연계하는 것에 초점을 두는 모형이다.

3) 중개 모형

유용한 자원은 많으나 자원전달 체계가 통합되어 있지 못한 경우 사례관리자가 다양한 서비스를 중개하며, 일괄서비스를 개발하는 모형이다. 여기서 사례관리자는 통합되지 않은 서비스 전달체계를 보충하는 역할을 담당한다.

4) 개발 모형

서비스 통합수준과 서비스 전달체계 내의 자원수준이 낮은 상황에서 사례관리자가 자원을 개발하고 조정하며 서비스의 통합수준을 높이는 역할을 동시에 수행하는 모형이다. 사례관리 도입 초기에 직면할 수 있는 모형으로, 특히 빈곤한 클라이언트를 표적으로 하는 많은 실천영역에서 활용 가능한 모형이다.

5. Rubin(1992) 모형

Rubin(1992)의 모형에는 확장-중개자 모형, 개인적 강점 모형, 재활 모형, 완전지지 모형 등의 네 가지로 구분되는데 구체적인 내용을 살펴보면 다음과 같다(정순돌, 2005 재인용).

1) 확장-중개자 모형

확장-중개자 모형은 사례관리자가 욕구를 사정하고 기존의 서비스를 연결시키지만 직접적인 서비스는 제공하지 않는 모형으로 연계 기능이 강조되는 모형이다.

2) 개인적 강점 모형

개인적 강점 모형은 사례관리자가 클라이언트의 능력을 먼저 파악하고 강점을 최대한 발휘할 수 있도록 환경을 조성한다. 사례관리자는 직업교육, 사회적 지지, 의료보호, 주거시설 등의 자원들을 클라이언트가 스스로 획득하도록 돕는다. 즉, 이 모형에서는 클라이언트의 역량을 강화하여 클라이언트 스스로 자원획득을 하도록 원조하는 데 초점을 둔다.

3) 재활 모형

재활 모형은 사례관리자가 클라이언트의 부족한 점을 파악하여 약점을 극복할 수 있도록 여러 가지 기술을 가르치는 것에 초점을 두는 모형이다. 개인적인 강점 모델처럼 정신보건체계의 목적이나 욕구보다 소비자인 클라이언트의 목적과 욕구에 초점을 둔다.

4) 완전지지 모형

완전지지 모형은 개입범위가 광범위한 모형으로 사례관리자는 직접적인 보호를 제공하고 클라이언트에게 필요한 다른 서비스를 연계시키는 중개자 역할도 수행한다. 즉, 임상적이고 직접적인 서비스 제공과 다양한 지지적 역할을 다른 서비스 기관들과의 연계를 통해 수행하는 모형이다.

6. 아이오와 사례관리에 따른 모형

ICM 모형은 Hall 등(2002)이 미국 아이오와주의 농촌지역에서 물질남용 및 중독의 어려움을 겪는 대상자들을 중점으로 돕기 위한 당시 혁신적인 방법으로 개발한 것이다. 아이오와주에서 특화된 ICM 모형은 대상자의 현재 어려움에 대처하고 해결하는 전략을 개발하는 데 초점을 두며, 강점 관점의 해결중심치료를 적용하여 집중적인 사례관리 서비스를 제공한다. 따라서 Pole A 모형, Pole B 모형, PACT 모형, 관리보호 모형, ICM 모형의 다섯 가지로 구분되는데 구체적인 내용을 살펴보면 다음과 같다(전혜성 외, 2020).

1) Pole A 모형

Pole A 모형은 장기간 통합적 사례관리 서비스로 대상자에게 24시간 제공되는 집중적이며 통합적 모형이다. 이에 사례량은 사례관리자와 대상자의 비율이 1:10으로 적으며, 사례관리자의 자격과 권한은 높은 편이다. 서비스 진행은 팀을 중심으로 운영되며, 모든 사례관리자가 대상자의 정보를 공유하고, 대상자가 살고 있는 실제 환경에서 서비스가 제공된다.

2) Pole B 모형

Pole B 모형은 전문가 지향적 사례관리 모형이며, 대상자의 특정 욕구에 대해 제한적 서비스를 제공한다. 사례관리자와 대상자의 비율이 1:75로 다른 모형에 비해 관리해야 할 대상자의 수가 많은 편이다. 서비스 진행은 개별적인 사례관리로 이루어지며, 대상자는 사례관리자의 근무시간에만 서비스 이용이 가능하고 서비스 제공 장소도 사례관리자가 근무하는 사무실에서 이루어진다.

3) PACT 모형

PACT 모형은 Pole A의 모형과 유사한 모형으로 장기간 서비스가 필요한 대상자에게 다학제 간 치료팀이 집중하는 모형이다. 다전문가 지향적 사례관리 모형으로 사례관리자와 대상자의 비율이 1:5에서 1:15 정도로 매우 집중적으로 이루어진다. 서비스 제공은 24시간 가능하며, 서비스 제공 장소도 실제 상황과 사무실 모두에서 이루어진다.

이 모형은 1960년대 후반에 개발되었으며, 현재 많은 나라에서 널리 사용되고 있다. 이 모형은 10~12명의 전문가들로 구성된 팀이 중증의 정신질환자들에게 포괄적, 지역사회 기반 치료를 제공하는 서비스 전달 모형으로서 다른 서비스 제공자들에게 대상자를 연계시키기보다 대상자에게 실질적으로 서비스를 직접 제공하는 것을 지향한다. 병원치료와의 차별성은 서비스의 초점이 치료보다는 재활로 이동되어 가족개입 및 교육, 환자에 대한 사회기술훈련 등 지역사회에서 독립적으로 살아갈 수 있는 훈련이나 교육이 강조되고 있다는 점을 들 수 있다(김미숙 외, 2011).

4) 관리보호 모형

관리보호 모형은 비용 억제가 강조된다. 이러한 면에서 Pole B 모형과 유사하다. 이 모형에서는 개별적인 서비스가 강조되지만 재정에 관한 모든 권한이 사례관리에 주어진다는 점이 다른 모형들과 다르다. 서비스 제공은 24시간 가능하지만 사례관리자와 대상자의 비율은 매우 높은 편이며 주로 전화를 사용한다.

5) ICM 모형

ICM 모형은 다른 모형의 중간적인 성격을 가지고 있는 모형이다. PACT보다는 집중적인 관리가 부족하고, 비용의 절감은 관리보호 모형보다 약하다. 이 모형은 대상자에게 직접적인 상담 서비스를 제공하며, 대상자에게 필요로 하는 서비스를 제공하기 위해 다른 기관에 대상자를 의뢰한다. 이 모형은 지역사회기관들과 연계하는데 목표를 두면서도 대상자 지향적인 성격을 지닌다. ICM 모형은 대상자의 강점에 초점을 둘 때 변화가 가능하다는 철학에 기초하고 있다. 이 과정에서 사례관리자는 대상자가 자신의 전문성을 발휘하여 변화의 주체로 역할하도록 한다. ICM을 집중적 사례관리로 표현하는 경우가 있는데, 이는 ICM 모형과는 성격이 다름을 기억할 필요가 있다.

참고문헌

강흥구(2016). 사례관리. 정민사.

김미숙 외(2011). 선진국의 아동 사례관리체계 비교 연구 : 영국, 미국, 뉴질랜드를 중심으로. 한국보건사회연구원.

김성천 외(2021). 사례관리론(개념, 기술, 실천역량의 이해). 학지사.

이근홍(2006). 개별관리. 공동체.

______(2020). 사례관리론. 지식공동체.

정순돌(2005). 사례관리실천의 이해-한국적 경험. 학지사.

Early, T. J., & Poertner, J.(1995). Examining current approaches to case management for families with children who have serious emotional disorders. In Friesen, B. J., & Poertner, J.(Eds.), *From Case Management to Service Coordination for Children with Emotional, Behavioral, or Mental Disorders : Building on Family Strengths*(pp. 37-59). NY : Paul H. Brooks Publishing Co., Inc.

Hall, J. A., Carswell, C., Walsh, E., Huber, D. L., & Jampoler, J. S.(2002). Iowa case management : Innovative social casework. *Social Work, 47*(2), 132-141.

Lamb, H. R.(1980). Therapist-Case Managers : More than brokers of services. *Psychiatric Service, 31*(11), 262-764.

Rose, H.(1980). Proceedings of the Conference on the Evaluation of Case management Programs(March 5-6, 1979). Los Angeles : Volunteers for Services to older persons.

Rubin, A.(1987). Case managament. In Minahan, A.(Ed-in-Chief), *Encyclopedia of Social Work*(18th ed., Vol. 1, pp. 212-222). Silver Spring, MD : National Association of Social Workers.

Weil. M., & Karls, J.(1985). *Case Management in Human Service Practice*. San Francisco : Jossey-Bass.

CHAPTER 07

사례관리에 대한 운영체계

제1절 사례관리 운영에 대한 이해

제2절 외부협력 체계에 대한 이해

제3절 사례관리 효율적 운영 방안

CHAPTER 07

사례관리에 대한 운영체계

제1절 사례관리 운영에 대한 이해

1. 사례관리 운영체계의 개념

사례관리의 운영체계는 사례관리 실천이 잘 이루어지도록 뒷받침하는 기관 내부와 외부의 지원체계이다. 사례관리자들이 개입하는 실천과정이 일반적인 소프트웨어(프로그램이나 서비스)라면, 운영체계는 그 실천과정이 보다 효과적으로 이루어지도록 도와주는 특수한 소프트웨어(지원체계)라고 할 수 있다. 사례관리에서 하드웨어는 사례관리가 이루어지는 현장, 기관, 장소, 물리적 환경, 지역사회의 자원 여건 등으로 간주된다. 하드웨어 자체로는 사례관리를 할 수 없다.

사례관리라는 통합방법 혹은 서비스가 그 현장, 기관, 지역에서 사례관리자들의 실천으로 나타날 때 사례관리의 본래 목적인 클라이언트의 사회적 기능 향상이나 역량강화, 보호 비용 절감이라는 긍정적 성과가 나타날 수 있다. 그런 면에서 사례관리의 성공은 사례관리의 실천과정과 운영체계가 적절히 구비되어 각 현장과 기관, 지역사회에서 통합적으로 이루어질 때 가능한 것이다(박미은, 2019).

2. 사례관리 운영체계의 구조

사례관리가 잘 이루어지기 위해서는 클라이언트, 사례관리를 제공하는 기관, 외부 협력체계, 지역사회자원이라는 체계들이 복합적으로 작용되어야 한다. 따라서 성공적인 사례관리가 이루어지기 위해서는 체계적인 시스템 구축이 필요하다. 사례관리 운영체계는 개별기관과 외부 협력체계로 구분된다.

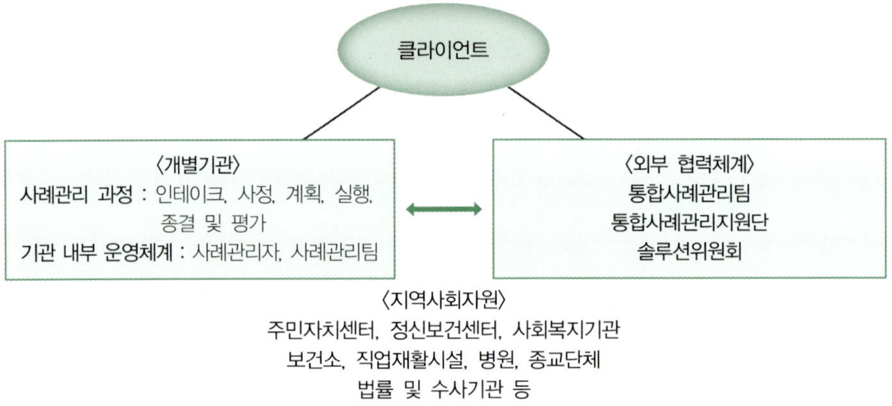

|그림 7-1| 사례관리 운영체계 구조

출처 : 남미애(2018) 재구성.

3. 사례관리팀 구축

사례관리팀이 구축되기 위해서는 우선 사례관리팀 구성과 목표, 사례 배분 기준 마련을 비롯하여 사례관리 대상 기준 마련(서비스 구역 기준, 사례 난이도 기준), 사례관리자 1인당 적정 사례 수 등이 마련되어야 한다. 따라서 구체적인 내용을 살펴보면 다음과 같다(최선희 · 정재연, 2020).

1) 사례관리팀 구성

사례관리팀은 팀장 사회복지사, 인테이크 워커, 사례관리자 및 서비스 전문가로 구성된다. 사례관리자는 대상에 대한 이해, 사례관리에 대한 이해를 충분히 하고 지역사회의 자원을 활용할 수 있는 사례관리 전문가이어야 한다.

또한 사례관리 진행을 위해 간호사 또는 물리치료사 등 보건의료 전문가도 사례관리자나 서비스 전문가로 팀을 구성할 수 있다.

한국성서대학교 산학협력단의 연구 결과(2018)에 의하면 사례관리팀의 적정 인력은 대도시에 위치한 사회복지관을 기준으로 6명이 적절한 것으로 나타났다. 그러나 기관의 서비스 제공지역과 클라이언트 수, 기관 내 부서 업무 등을 고려하여 기관의 실정에 맞추어 구성한다.

사례관리 팀장은 팀의 전체 사례를 파악 및 조율하고 슈퍼비전과 전문성 향상 교육과 훈련을 기획·운영하고 기관 내 부서협력 역할을 담당한다.

인테이크 워커는 의뢰 또는 발굴된 잠재적 클라이언트를 대상으로 인테이크를 담당한다. 인테이크 워커는 다양한 사례관리 경력과 면접 기술을 겸비하고 기관의 서비스를 잘 파악하고 있는 선임 사회복지사 이상이 적합하다.

2) 사례관리팀 목표 수립

기관의 미션 비전을 기반으로 사례관리팀의 목표와 전략을 수립한다. 팀 목표 수립은 팀 구성원이 함께 협의하여 결정하며 사례관리의 목표, 추구하는 가치, 기대하는 클라이언트의 모습, 팀의 협력 모습 등을 논의한다. 이렇게 수립한 팀 목표는 사례관리 대상을 선정하고 사례관리를 진행하는 방향 역할을 하며, 팀의 응집력 향상에 도움이 된다.

3) 사례 배분 기준 마련

사례관리팀은 사례 배분 기준을 마련해야 한다. 사례관리 클라이언트 선정 과정을 살펴보면, 인테이크 워커가 진행한 인테이크 내용을 바탕으로 사례선정회의에서 사례를 선정하고 담당 사례관리자들은 논의하여 결정한다. 담당 사례관리자를 결정함에 있어서 필요한 것이 사례 배분 기준이다. 사례 배분 기준을 마련할 때 고려해야 할 요소는 사례관리 대상, 서비스 지역, 사례 난이도, 사례관리자의 여력 등이다.

(1) 사례관리 대상 기준

사례관리 대상별로 담당자를 구분하고 그에 따라 배분하는 방법이다. 예를 들면, 어르신 담당 사례관리자, 아동 · 청소년 담당 사례관리자, 성인 · 가족 담당 사례관리자로 구분하고 배분하는 것이다. 이렇게 운영하면 실천 분야에 대한 사례관리자의 전문성을 높여갈 수 있으며, 사례관리 대상에 대한 이해와 적합한 서비스, 활용 가능한 자원 확보에 용이하다.

즉, 어르신 사례관리자는 어르신에 대한 이해가 높고, 어르신에게 필요한 노인장기요양보험, 기초연금, 노인돌봄서비스 등의 서비스와 자원을 잘 파악하고 있으며, 요양센터, 요양병원, 치매지원센터 등의 지역사회 기관과 유기적인 관계를 맺고 사례관리에 활용한다.

(2) 서비스 구역 기준

클라이언트가 살고 있는 서비스 지역을 기준으로 사례관리 담당자를 구분하는 방법이다. 서비스 지역은 행정동이나 아파트 동별로 구분할 수도 있다. 이렇게 운영하는 경우, 클라이언트를 지역사회 생태적 환경에 연결하기 용이한 장점이 있다.

(3) 사례 난이도 기준

사례의 난이도를 기준으로 사례관리자 담당자를 구분하는 방법이다. 집중 사례의 경우 선임 또는 팀장 사례관리자, 일반 사례의 경우 사례관리 경력이 적은 사례관리자가 담당하는 것이다. 이 경우 사례관리의 효율성이 높아질 수 있고, 사례관리자의 전문성 향상에도 용이한 장점이 있다.

4) 사례관리자 1인당 적정 사례 수

사례관리자 1인당 적정 사례 수는 사례관리자의 업무량에 영향을 미치고 궁극적으로 사례관리 실천의 질을 결정짓는 요인이다. 1인당 적정 사례 수를 결정할 때는 사례관리 과정별 실천 외에도 자원 연계를 위한 정보탐색, 교육, 클라이언트와 동행하여 진행하는 실천, 행정업무 등을 포함하여 결정해야 한다.

4. 사례 회의

1) 사례 회의 개념

사례 회의(case conference)는 대상자 선정, 사정, 종결 시 진행하되 대상자 구분·선정 및 사례관리 대상자에 대한 서비스 제공계획 수립부터 사례관리가 진행된 이후 대상자의 욕구 변화 및 문제해결 정도, 서비스 제공 점검, 사례관리자의 개입방법, 사례관리 종결 등을 협의하기 위하여 수시로 실시할 수 있으며, 더불어 사례 회의는 협의 구조를 통해 논의 및 결정 사항의 객관성 및 형평성을 확보한다는 큰 장점을 가지고 있다(보건복지부, 2016).

또한 사례 회의를 통해서 사례관리자 개인의 역량이나 전문성의 한계를 극복하고 사례관리 대상자를 위한 최적의 서비스를 제공하는 여건을 만들어 갈 수 있다.

2) 사례 회의의 주요 기능

사례 회의에서 이루어지는 주요 기능을 살펴보면 다음과 같다(한국사례관리학회, 2015).

① 생태체계적 관점에 따른 대상자의 자료수집 결과 검토
② 대상자의 문제와 욕구 및 강점의 사정 및 재사정
③ 대상자에 대한 개입방안 협의
④ 맞춤형 포괄적 서비스의 설계 및 개발
⑤ 대상자에 대한 개입 상황 및 대상자의 변화 점검
⑥ 대상자에 대한 평가와 종결 여부 결정
⑦ 사례관리 관련 행정적인 사항의 점검

3) 사례 회의 운영

사례 회의는 주로 사례관리팀장이 주도하는데, 주 1회 이상(1회 3시간 이내)을 기준으로 하며, 최소 월 2회 이상 정기적으로 실시하도록 한다. 사례 회의를 효과적으로 진행하기 위해서는 사례 회의에 상정될 신규 사례와 기존 사례를 사전에 파악하

고 사례에 관한 정보를 공유하여 사례 회의에 참석하도록 한다. 사례관리자는 상정된 사례에 대해 간략하게 보고하고 사례에 대한 사정과 서비스계획 등에 대한 의견과 전문적인 자문을 받는다.

또한 긴급한 상황에서는 정규 사례 회의가 아닌 임시 사례 회의를 통해 사례관리 업무를 지원한다. 이 경우 사례 회의 참석자는 사례관리팀과 기관 슈퍼바이저(혹은 팀장), 개입 사례에 대해 즉각적인 도움을 줄 수 있는 지역사회 관련자 또는 전문가 등이 참석하는 것이 좋다.

사례 회의에서 논의된 사항은 꼭 기록하여 보관해야 한다. 일반적인 회의 진행 사항은 팀원 중 한 사람이 개괄적으로 기록하되, 개입 사례에 대한 논의 및 제안사항(사례 회의록 양식)은 담당 사례관리자가 맡도록 한다. 완성된 회의록과 사례 회의록 양식 기록은 적절한 절차를 거쳐 결재를 받도록 하며, 문서철에 보관한다(권진숙 외, 2009).

4) 기관 내부 사례 회의

사례 회의는 담당 사례관리자, 슈퍼바이저, 조직 내 관련 부서 팀원 등 관련자가 모두 참석하여 담당 사례관리자가 작성한 자료를 토대로 협의한다.

사례 회의를 효율적으로 진행하기 위해서는 먼저 사전준비가 필요하다. 사전준비로는 회의 참가자 명단을 구성하고 참석 여부를 확인해야 한다. 또한 회의 자료는 사전에 준비하여 회의 전에 참가자에게 미리 배포하여 회의내용에 대해 숙지할 수 있도록 하는 것이 바람직하다.

사례관리 과정의 단계에 따라 해당 안건의 내용으로 사례 회의를 진행 후 사례회가 종료된 이후에는 반드시 내용을 기록하고 공식 문건으로 보관하여야 한다.

〈표 7-1〉 사례 회의 진행 단계

단 계	내 용
사전 준비	• 회의 참가자의 참석 여부 확인 • 회의 자료 준비(대상자 개요, 주요 욕구와 문제, 논의할 안건에 대해 기록)

<table>
<tr><td>사례
회의
진행</td><td>
• 참석자 소개
• 서비스 제공을 위해 필요한 범위 내에서 각자 알고 있는 정보 공유(대상자에 대한 정보 및 필요한 자원, 서비스에 대한 정보 등)
• 동원 가능한 자원의 장·단점을 확인하고 참석자들이 연계할 자원을 함께 선택
• 장·단기 목표 달성을 위한 참여자의 역할 분담
• 자원이 없을 경우 제외대상으로 구분할 것인지에 대하여 논의(하나의 결론으로 합의되기 어려운 경우, 2가지 이상의 안건으로 재회의를 소집)
• 필요시 통합사례회의 또는 솔루션회의에 의뢰할 것인지 논의
• 슈퍼바이저 및 동료, 또는 전문가의 슈퍼비전
</td></tr>
<tr><td>사례
회의
종결</td><td>
• 사례 회의 정리 후 차후 일정 조율, 사례 회의 내용 기록 및 보관
• 사례 회의를 기록 시 조치사항까지 기록

(사례 회의 기록 예시)
제○○회 사례 회의
– 참석자 : 총 5명(김○○ 부장, 장○○ 팀장, 김○○, 이○○, 정○○)
– 장 소 : 회의실
<table>
<tr><th>관리
번호</th><th>성명</th><th>연
령</th><th>성
별</th><th>욕구 및
문제</th><th>접근
계획</th><th>회의
내용</th><th>조치
결과</th></tr>
<tr><td rowspan="4">재가-
○○○</td><td rowspan="4">김○○</td><td rowspan="4">17</td><td rowspan="4">남</td><td>CT의 무기력</td><td>의료기관과의 연계</td><td>지역정신보건센터와 연계하여 지역 내 신경정신과 병원 및 보건소 의료 지원</td><td rowspan="4">사례 회의 결과를 일주일 후에 CT 母에게 전달하여 동의를 구하였으며, 서비스 동의서를 작성한 후 계획대로 서비스를 제공하기로 하였다.</td></tr>
<tr><td>동생의 컴퓨터 중독과 도벽</td><td>일대일 상담과 복지관 컴퓨터 활동을 통한 개입</td><td>주 1회 상담과 복지관 컴퓨터 교육실을 이용하도록 연결, 컴퓨터 후원받아 지원</td></tr>
<tr><td>CT와 동생의 학업</td><td>상담과 집단활동을 통해 학업의 동기부여 후 학교연계</td><td>학업에 대한 동기부여를 위한 분기별 1회 사회적응프로그램 진행과 주 1회 상담 실시 및 대안학교 연결</td></tr>
<tr><td>조부모와의 갈등</td><td>관계 개선을 위한 상담과 가족프로그램 진행</td><td>가족상담과 가족행사 지원</td></tr>
</table>
– 일 시 : 2009년 ○○월 ○○일
출처 : 서울시복지재단(2010), pp. 102-103.
</td></tr>
</table>

※ 효율적인 회의 운영을 위해 한 사례 회의에서 여러 사례를 다룰 수 있으나 회의록은 사례별로 별도 기재한다.

출처 : 보건복지부(2016), pp. 50-51 재구성.

제2절 외부협력 체계에 대한 이해

1. 통합사례관리팀

사례관리 대상자들은 문제나 욕구의 다양성과 복합성으로 인해 지역 내 다양한 서비스 조직과 연관되어 있는 경우가 많다. 예를 들면, 사회복지관의 재가 대상 어르신의 경우, 대부분 주민자치센터로부터 공공 서비스를 받고 있으며, 보건소로부터 방문간호 서비스를 받고 있는 경우가 많다. 이런 경우, 사례관리가 필요한 클라이언트는 개별 기관의 사례일 뿐만 아니라 연관되어 있는 기관들과 협력해야 하는 공동의 사례이다. 이러한 클라이언트를 효과적으로 지원하기 위해서는 지역 기관들이 협력하여 활동하는 통합사례관리 체계의 구축과 활용이 필요하다.

통합사례관리팀의 구성은 사례관리 대상자의 삶에 영향을 미칠 수 있는 공공과 민간의 다양한 주체들이 참여하는 것이 바람직하며, 가능한 한 여러 전문가들이 참여할 수 있도록 개방적으로 운영되는 것이 좋다. 통합사례관리팀에는 사례관리 수행기관의 사례관리팀, 공공과 민간의 지역사회 서비스 제공 기관, 클라이언트를 지원할 수 있는 전문가와 주변인 등이 포함된다.

지역 여건에 따라 다르지만, 지역사회 서비스 제공자로는 주민자치센터, 정신건강증진센터, 보건소, 지역아동센터, 아동보호전문기관, 노인보호전문기관, 병원의 사회복지팀, 종교단체 등과 같이 사회복지와 밀접한 관련성이 있는 기관이나 조직에 근무하는 전문가들이 포함된다. 통합사례관리팀은 융통성 있게 상황에 따라 다양한 지역사회 전문 기관과 주변인들이 유연하게 참여할 수 있어야 한다. 통합사례관리팀에 참여한 구성원들은 클라이언트와 가족의 변화를 지원하는 행동체계 및 자원이나 서비스를 제공하는 역할을 수행한다.

통합사례관리팀에 참여하는 기관들 간에 상호 협약을 체결함으로써 기관 간의 협력을 강화하고 협력의 지속성을 확보하도록 한다. 협약의 내용에는 협력의 목적, 상호 간의 의무와 역할 및 권리 등을 명시한다. 기관 간에 협약이 체결되었다 하더라도 통합사례관리 업무를 담당하는 실무자가 지정되지 않을 경우 명목적인 협약에 머무를 수 있다. 따라서 기관 간의 협약이 실제적으로 운영될 수 있도록 사례관리 업무를 담당하는 실무자를 지정하고 네트워크 업무를 공식적인 업무로 인정함으로써 기관 간 협력뿐만 아니라 실무자 간 협력이 촉진될 수 있도록 한다.

또한 통합사례관리팀의 구성과 운영에서 무엇보다도 중요한 것은 통합사례관리의 필요성에 대한 인식이다. 복합적인 욕구를 가지고 있는 사례관리 대상자를 특정 기관이나 전문직이 충족시킨다는 것은 현실적으로 어렵다. 더구나 해당 기관의 단위 서비스만을 제공하여 클라이언트의 삶의 질을 향상시키는 데에는 한계가 있을 수밖에 없다. 따라서 통합사례관리체계는 관련된 기관이나 조직 모두 상생하고 궁극적으로 사례관리 대상자의 서비스 만족도를 높이는 긍정적인 성과를 만들어 낼 수 있을 것이다(권진숙 외, 2009; 한국사례관리학회, 2012).

1) 통합사례관리팀의 기능

① 상정된 사례에 대한 정보 공유, 협의 및 지문
② 사례관리를 위한 역할 분담 및 조정
③ 주 사례관리기관 조정에 대한 협의
④ 사례관리자를 위한 지원 네트워크 구축

2) 통합사례 회의

사례관리 대상자는 복합적인 욕구를 가지고 있기 때문에 다양한 서비스를 필요로 한다. 이러한 사례관리 대상자의 특성 때문에 통합사례 회의가 필요하다. 사례관리 서비스가 필요한 클라이언트는 개별 기관의 사례일 뿐만 아니라 관련되어 있는 기관이 협력해야 하는 공동의 사례일 수 있다. 때문에 이러한 대상자의 욕구를 효과적으로 해결하기 위해서는 지역사회 기관들이 협력적으로 활동하는 통합사례 회의가 절대적으로 필요하다.

Deleon(2001)은 지역사회와 함께 하는 사례관리체계를 통합사례관리 모델로 구체화하였다. 통합사례관리 모델은 사례관리 기관과의 공식적·비공식적 협력관계 속에서 서비스를 의뢰하며, 사례관리 대상자를 지원하기 위해 통합적인 지역사회

협력망을 구축한다. 이처럼 지역사회 내에 존재하는 민간·공공 서비스 제공 기관들이 통합적인 접근을 시도하는 것은 사례관리 서비스의 질과 그 효과성에 중요한 영향을 미친다(김상곤, 2013, 최은정 외, 2017 재인용). 이에 사례관리가 통합적인 방법으로 진행될수록 사례관리 결과가 더 성공적이고 효과적일 가능성이 높다고 볼 수 있다.

또한 사례관리 대상자는 공공과 민간 공동의 대상자라고 할 수 있다. 공공은 사례관리 대상자에 대한 공적 서비스 제공을 결정할 수 있고, 행정력의 권한을 가지고 있다. 한편 민간부문은 전문적인 직·간접 서비스를 제공하는 역할을 하며, 전문적인 사례관리 실천을 할 수 있다. 때문에 두 체계는 상호보완적으로 사례관리 대상자에게 서비스를 제공해 줄 수 있다. 이러한 상호보완적인 두 체계의 협력 정도에 따라 사례관리 서비스의 질은 차이가 발생할 수 있는데 공공부문과 민간부문의 협력방식에 따라 사례관리의 전개방식을 세 가지로 구분하여 살펴보면 다음과 같다(김상곤, 2013, 최은정 외, 2017 재인용).

(1) 공공주도형

- 사례관리 과정의 단계 중 대부분을 공공부문이 직접 수행하는 유형
- 농어촌이나 복지자원이 부족한 지역을 대상으로 함

(2) 민간위임형

- 사례관리 과정의 단계 중 대부분을 민간에게 전적으로 의존하는 유형
- 모든 지역에 제한 없이 적용 가능함

(3) 민간과 공공의 파트너십형

- 사례관리과정의 단계 중 각 부분이 가진 강점을 활용하여 균형적인 역할 분담을 하고 공동사업 형태의 유형
- 도시지역이나 기타 지역에서 적용 가능한 유형

2. 전문 슈퍼바이저

전문 슈퍼바이저는 사례에 대한 전문적인 슈퍼비전을 제공하는 외부 전문가로서 사례관리에 대한 이론 및 실천적 전문성을 가진 교수나 현장전문가가 해당된다. 이들은 사례에 대한 자문이나 컨설팅, 사례담당자 및 직원에 대한 교육적, 심리적, 행정적 슈퍼비전을 제공한다. 경우에 따라 사례관리 관련기관을 조정, 중재하기도 한다. 슈퍼비전은 계획에 따라 정기적으로 행해져야 하며 일회성이 아니라 분기별 또는 반기별로 지속적으로 행해지는 것이 좋다(남미애, 2018).

1) 전문 슈퍼바이저의 자격

- 사례관리에 대한 이론 및 실천적 전문성을 가진 자로서 현장 전문가 및 대학교수
- 기관 외부의 슈퍼바이저

2) 선문 슈퍼바이저의 역할

- 사례에 관한 자문과 컨설팅
- 사례담당자 및 직원에 대한 교육적, 심리적, 행정적 슈퍼비전 제공
- 관련기관에 대한 조정 및 중재
- 실무자의 소진 예방 및 심리적 지지, 질 높은 서비스 제공을 위한 조직 분위기 조성

3) 사례관리 슈퍼비전의 방향성

사례관리 실천과정에서 요구하는 슈퍼비전의 목적은 사회복지사들의 사례관리 업무수행 능력을 강화하여 궁극적으로 클라이언트에게 수준 높은 사례관리 서비스를 제공하는 데 있다. 즉, 사례관리자들의 역량강화를 스스로의 책임으로 돌리기에 앞서 기관 내 공식적인 슈퍼비전 과정과 절차를 통해 전문적인 성장을 도모할 수 있도록 지원해야 하는데 이에 대한 방향성을 세 가지로 구분하여 제시하면 다음과 같다(박미은, 2019).

① 사례관리 실천과정에서 슈퍼비전이 정착되기 위해서는 중간관리자급의 준비된 사례관리 슈퍼바이저를 양성해야 한다. 사례관리 슈퍼바이저는 실무에서 슈퍼바이저에게 일정한 영향력을 행사하는 리더이다. 이 리더는 단지 기관의 직급에 따른 임무나 지위가 아니라 실제로 사례관리 업무를 수행하면서 슈퍼바이저로서 일정한 자격을 갖추어야 한다. 따라서 사회복지기관장은 장기적인 안목에서 중관관리자급의 직원이 사례관리 슈퍼바이저가 될 수 있도록 교육 및 훈련의 기회를 부여하고 적극 지원할 필요가 있다. 사례관리 슈퍼바이저를 양성하는 것은 바쁜 업무에 무리한 요구가 아니라 사례관리가 전문적인 사회복지 실천방법으로 정착되는 과정에서 값진 투자이다.

② 사례관리 실천과정에서 슈퍼비전은 교육 중심의 임상적 슈퍼비전을 지향하는 것이 바람직하다. 임상적 슈퍼비전은 행정적 슈퍼비전과 다소 대비되는 개념이다. 행정적 슈퍼비전이 사례관리자가 직원으로서 수행해야 하는 업무량 관리나 직무상 책임을 다하기 위한 활동에 치중한다면 임상적 슈퍼비전은 사례관리자들에게 필요한 지식과 기술, 태도를 점검하고 숙련시켜 전문적 성장을 도모해주는 활동이다. 사례관리 실천과정이 다양한 대상자를 접촉하여 문제와 욕구를 사정하고 이에 기초하여 개별화된 개입계획을 세운 후 직·간접적인 문제해결 활동을 한다는 점에서 슈퍼비전의 주안점은 임상적이고, 사례 중심적이며, 현장의 특수성에 기초한 실무적 접근이어야 한다.
이러한 접근에 해당하는 슈퍼비전의 유형이 바로 교육이다. 슈퍼바이저는 사례 회의를 비롯한 개인적, 집단적 슈퍼비전 방식을 통해 슈퍼바이지(일선 사례관리자)에게 사례관리의 실천과정을 숙지시키고 제대로 수행하는지를 확인하며, 사례관리 업무수행 능력을 향상시킬 수 있도록 관련 지식과 기술, 태도를 가르치고 훈련하게 된다.
또한 슈퍼바이저는 슈퍼바이지들이 사례관리 업무를 수행하는 과정에서 경험하는 직무 스트레스와 갈등에 대해 상담하고 중재하며, 이들이 업무에 애착을 갖고 임할 수 있도록 정서적으로 지지하는 활동도 한다. 슈퍼바이지는 슈퍼바이저의 슈퍼비전 내용을 존중하여 이를 실무에 적극 반영할 뿐만 아니라 개인적으로도 전문적 성장이 이루어지도록 최선을 다하는 자세가 필요하다.

③ 이러한 교육 중심의 임상적 슈퍼비전이 가능하기 위해서는 기관의 슈퍼비전 체계 및 문화가 달라져야 한다. 우선 기관 내 팀 사례 회의가 활성화될 필요가 있다. 대부분의 슈퍼비전이 사례 회의를 통해 공식적으로 이루어진다고 볼 때, 기관 내 팀 사례 회의를 정례화하며 이를 통해 사례관리자들이 자신의 업무를 돌아보고 전문적으로 성장하는 기회가 될 수 있어야 한다. 업무상 갈등도 이 사례 회의를 통해 자연스럽게 발산되는 것이 좋다.
장기적으로는 기관 및 지역 차원에서 사례관리 슈퍼비전을 표준화하는 작업을 시도해보는 것이 필요하다. 유사 직역이나 직능별 혹은 지역 차원에서 사례관리 실천과정과 관련한 슈퍼비전의 범위와 내용(지식, 기술, 태도 등), 교육방식, 슈퍼바이저의 기준과 역할 및 책임, 슈퍼비전 기록과 평가체계 등에 대해 의견을 수렴하고 기본적인 가이드라인을 만들어가는 작업이 필요하다. 그 외에도 사례관리 슈퍼비전이 기관에서 적극 용인되고, 직원 간에 서로 가르치고 배우는 학습 분위기가 자연스럽게 조성되도록 해야 한다.

4) 사례관리 슈퍼비전 운영체계의 방향성

① 지역 단위 사례관리 운영체계와 관련한 슈퍼비전이 확립되기 위해서는 사례관리 전문슈퍼바이저를 양성해야 한다. 전문 슈퍼바이저는 사례관리에 대한 이론적, 실천적 전문성을 가진 자로서 지역 단위의 협력을 주도하는 기관장이 위촉하거나 관련 기관들이 연합하여 위촉할 수 있다. 전문 슈퍼바이저는 임상적인 조언, 행정적인 지도, 사례관리 실천에 필요한 교육, 훈련, 사례관리자들의 소진 예방 및 극복을 위한 지원 등의 역할을 수행한다.

② 사례관리 운영체계서의 슈퍼비전은 행정 중심의 관리적 슈퍼비전을 지향하는 것이 바람직하다. 행정적 슈퍼비전은 임상적 슈퍼비전과 강조점이나 특성이

다소 상이하다. 행정 중심의 관리적 슈퍼비전은 단위가 여러 기관들이거나 혹은 지역인 만큼 사례관리자들이 기관 간 협력과 네트워크를 통해 사례관리를 위한 자원과 서비스를 효과적으로 공유할 수 있도록 지도하고 감독하는 활동이다.

또한 슈퍼바이저는 폭넓은 안목과 균형 감각이 있어야 하며, 각기 다른 기관의 사례관리자들이 함께 성장하고 갈등을 최소화하도록 안내한다. 각 기관의 사례관리자들은 전문슈퍼바이저의 슈퍼비전 내용을 존중하여 이를 자신의 기관에 적극 반영할 뿐만 아니라 개인적으로도 전문적 성장이 이루어지도록 최선을 다해야 한다.

③ 행정 중심의 관리적 슈퍼비전이 현실화되기 위해서는 지역의 사례관리 슈퍼비전 체계 및 정책이 달라져야 한다. 우선 통합사례 회의가 여러 지역 단위에서 시도되고 안정적으로 운영될 필요가 있다. 슈퍼비전이 공식적인 사례 회의를 통해 이루어지는 경우가 대부분이므로 기관 간 통합사례 회의를 정례화하며 이를 통해 협력적 네트워킹의 성공적인 경험을 축적해야 한다. 자원 및 서비스 연계에 따른 업무상 갈등도 이 통합사례 회의를 통해 걸러지고 발전적 대안들이 모색되어야 한다. 장기적으로는 사례관리 실천과정을 위한 슈퍼비전과 같이 지역 단위에서 통합적 사례관리 혹은 관리적 슈퍼비전의 지침을 마련하는 것이 필요하다(박미은, 2019).

3. 솔루션위원회

솔루션위원회는 만성질환, 문제성 음주, 정신건강, 가정폭력, 성폭력 등 복합적, 만성적, 심각한 문제 등에 보다 효과적으로 개입할 수 있도록 관련 전문가팀이 자문이나 슈퍼비전을 제공하는 지지체계이다.

시 · 군 · 구 단위로 구성되며 의료, 사회복지, 법률, 임상심리, 상담, 지역복지, 가족복지, 공공 분야 등의 다양한 전문가로 구성될 수 있다. 이들은 주로 통합사례 회의에서 추천된 심각한 사례에 대한 자문 및 슈퍼비전을 제공한다.

위원회의 결정에 따라 개인 및 가족상담, 입원치료, 기타 소요경비 지원 등이 행해질 수 있다(남미애, 2018).

또한 솔루션위원회는 정기적으로 회의를 개최하되, 긴급사태 또는 심의나 판정 사한이 필요할 경우 신속하게 소집될 필요가 있다. 이때에는 신속하게 소집되어 사례에 대한 임상적인 자문 등 대상자의 욕구해결에 필요한 실질적인 지원을 하도록 한다. 이러한 정기적인 회의도 중요하지만, 더욱 중요한 것은 통합사례 회의나 솔루션 회의 모두 필요할 경우 서면접촉 또는 대면접촉을 통해 언제든지 자문을 받을 수 있도록 하는 것이다(최은정 외, 2017).

1) 솔루션위원회의 기능

- 통합사례 회의에서 추천된 심각한 사례에 대한 자문 및 슈퍼비전 제공
- 사례에 대한 맞춤형 개입계획 수립 및 전문개입 활동을 지원
- 전문개입 지원 후 지속적인 사후 모니터링(3개월 이내)

〈표 7-2〉 솔루션위원회 사례 회의 보고서

등록번호	2019. ○. ○.	대상자	–	성별 / 나이	
사례보고일	2019. ○. ○.	사례 회의 유형	■ 솔루션 회의 □ 지역사회연계 사례 회의 □ 통합사례 회의 □ 내부사례 회의		

◉ **간단 요약**

강ㅇㅇ(남, 40세)

가. 의뢰경로

복지관 장애인 일자리 참여자로 근무 중 행동에 이상소견 있고 정보 확인 중 성범죄 경력자로 확인, 사례관리가 필요하다고 판단되어 의뢰

나. 초기면접내용

1) 기본 사항

- 시각장애 6급으로 2년 전 성범죄로 2년 복역 후 출소.
- 장애인 일자리 참여 : 근무지 이동[복지관→ㅇㅇ읍사무소(성범죄경력 문제)]
- 강박증이 있는 것처럼 청소에 집착하는 모습이 보임
- 장애인 일자리 참여 시 일하는 중 멍하게 서 있는 시간이 1시간 이상인 경우가 많고, 업무지시 사항을 무시하고 본인이 가고 싶은 장소에 가서 청소를 하는 등 인지능력 및 자기통제능력이 매우 저하되어 근로능력 있는 자로 보기 어려움
- 가족사항은 어머니, 이혼한 형이 함께 거주하고 있으며, 거주지는 어머니가 큰 아들에게 조기 상속을 하여 현재는 형의 소유임. 형이 가족 간에 불화가 있을 때마다 집을 나가라고 해서 클라이언트는 자주 집에서 쫓겨나 사망한 이모 소유의 빈 집에서 기거할 때가 많은데 집 상태가 매우 위험한 상황이다. 그리고 어머니도 이로 인한 스트레스로 우울증이 심한 상태이다.
- 형은 1년 전 암 수술을 하였으며, 클라이언트로 인한 심리적 스트레스가 너무 심하고 이로 인한 가족 간에 불화가 자주 발생한다고 한다.

2) 사례관리

클라이언트가 자주 긴 시간 동안 멍하게 서 있고, 일자리 참여 시 업무지시 사항을 무시하고 본인이 가고 싶은 장소로 가서 청소를 하는 등 인지능력 및 자기통제 능력이 매우 저하되어 근로 능력 있는 자로 보기 어렵다. 또한 거리 배회, 안전을 보장할 수 없는 빈 집에서 생활, 거주 지역 제한범위를 벗어나는 점 등으로 미루어 보아 2차 범죄 가능성도 배제할 수 없다. 이에 사례관리 긴급대상자로 선정하여 우선 치료적 개입이 긴급하게 필요한 것으로 보인다.

3) 서비스 개입 과정

의뢰→정보 수집(ㅇㅇ경찰서, 정신건강복지센터, ㅇㅇ읍사무소)→내부선정→읍사무소 협조 요청→어머니 상담(읍사무소 협업)→통합사례 회의(ㅇㅇ경찰서, 정신건강복지센터, ㅇㅇ읍사무소)→클라이언트 상담(ㅇㅇ읍사무소 협업)→계약(읍사무소 협업)→병원의뢰(읍사무소, ㅇㅇ경찰서 협업)→조현병 진단 후 약 처방(2주)→어머니 약물복용 교육→모니터링(2주 약 모두 복용 확인)→병원 담당 주치의 전화 연결 응급관리→클라이언트 직접 상담을 통해 약물복용 확인→읍사무소 협조 요청→병원 입원(읍사무소, 보호자 동행)→입원 중

4) 서비스 진행 과정

- 진료비 지원, 기초생활수급자 판정 중
- 모니터링을 통한 클라이언트 상태 확인, 보호자 정기 모니터링 및 면담

5) 사례관리 과제

- 조현병은 완치가 어렵고 약물을 통해 지속적으로 관리해야 하는 부분이 있는데 보호자의 역할이 미미하다고 판단될 때 클라이언트 퇴원 조치에 대해 사례관리자의 입장은 어떻게 해야 하는가?
- 클라이언트가 원하고 보호자가 원하는 경우 퇴원할 수 있다는 병원 규정에 따라 퇴원을 하게 된다면 어떤 방법으로 사례관리를 재사정해야 하는가?
- 어떤 사회적 지지망을 구축하고 지원하여야 하는가?

출처 : 경남○○종합사회복지관(2019).

제3절 사례관리 효율적 운영 방안

사례관리를 효율적으로 운영하기 위해서는 자원관리, 사례관리 운영관리가 필요하다. 구체적인 내용을 살펴보면 다음과 같다(최선희 · 정재연, 2020).

1. 자원관리

자원연계는 사례관리 목표 달성의 중요한 도구이다. 기관은 사례관리를 위한 자원목록을 영역별로 정비하고 있어야 한다. 자원목록화는 사례별 자원을 기본으로 시작한다. 한 사례별 자원목록을 파악하고 그것을 바탕으로 사례관리자별로 가용자원을 목록화하여 보유한다. 각각의 사례관리자가 보유한 자원과 타 부서에서 보유하고 있는 자원을 취합하여 기관의 자원목록을 정비한다. 팀 내 자원관리 담당을 배정하고, 기관 차원의 자원관리 담당자를 배정한다. 자원목록은 수시로 업데이트하여 가용한 자원을 확보하되, 필요시 신속하게 활용할 수 있어야 한다.

2. 사례관리 운영관리

사례관리 사례별로 진행 과정이 다르게 나타난다. 클라이언트와의 만남을 사전에 계획하고 있지 않으면 누락되거나 업무 상황에 따라 우선순위가 밀려 만남을 갖지 못하거나 약속을 미루는 상황이 발생하게 된다. 이를 방지하고 사례관리자의 소진을 예방하기 위해 사례관리를 위한 업무 환경 조성이 필요하다.

1) 사례관리 월별 계획 작성

월초에 한 달 동안의 클라이언트와의 상담 또는 모니터링 일정을 계획하여 사례관리 일정표를 작성한다. 일정표 주기는 월 단위 또는 주 단위로 조정해서 사용할 수 있다.

2) 사례관리 역량강화의 날 운영

사례관리는 고도의 전문성이 요구되는 실천으로 사례관리자는 끊임없이 전문성을 향상시켜 나가야 한다. 또한 사례관리 소진을 경험할 가능성이 다른 방법론보다 훨씬 더 높다. 따라서 주 1회는 클라이언트를 만나지 않고 사례관리 역량을 강화하는 날로 정하는 것이 필요하다.

클라이언트별 사례관리 목표와 실행계획을 점검하고 다음 만남을 준비함으로써 사례관리를 효율적으로 진행할 수 있도록 하고, 필요한 교육 및 훈련과 슈퍼비전도 받아서 전문성을 향상시키며 소진을 예방할 수 있도록 한다.

▌참고문헌▐

권진숙 외(2009). 인천광역시복지관 사례관리실천을 위한 매뉴얼 연구보고서. 인천광역시복지관협회 · 사례관리연구회.

김상곤(2013). 민관 협력을 위한 통합사례관리 운영체계 구축 방안. 사례관리연구, 4(1), 51-87.

남미애(2018). 아동 · 청소년을 위한 사례관리론. 양서원.

박미은(2019). 사회복지를 위한 사례관리. 양서원.

보건복지부(2016). 희망복지지원단 업무 안내.

최선희 · 정재연(2020). 현장기반 사회복지 사례관리 실제. 지식공동체.

최은정 외(2017). 사례관리론. 양서원.

한국사례관리학회(2012). 사례관리 전문가 교육 : 실무자 기초과정. 학지사.

______________(2015). 사례관리 전문가 교육 : 실무자 과정. 학지사.

한국성서대학교 산학협력단(2018). 사회복지관 사업 핵심 전략 연구-사회복지관 사업 분석 및 적정 인력 기준 정립. 보건복지부 · 한국사회복지관 협회 연구용역보고서.

CHAPTER 08

사례관리의 초기면접 과정에 대한 이해

제1절 사례관리의 초기면접 과정 및 목적과 기록

제2절 접수과정의 주요 실천기술

CHAPTER 08

사례관리의 초기면접 과정에 대한 이해

제1절 사례관리의 초기면접 과정 및 목적과 기록

1. 초기면접의 과정

사례관리의 초기면접은 클라이언트의 사례가 접수되면서 시작된다. 클라이언트의 사례접수는 몇 가지 경로를 통하여 이루어진다. 즉, 클라이언트의 직접 기관 방문, 전화문의, 가족이나 이웃에 의한 의뢰, 타 기관 혹은 본 기관에 의한 의뢰, 그리고 아웃리치 등을 통하여 사례가 접수된다. 이 단계에서 기관 사례관리자의 과업은 클라이언트의 욕구나 원조를 개략적으로 파악하고 기관에서 제공되는 서비스의 내용을 클라이언트에게 상세하게 설명해 주며 클라이언트에 관한 정보를 수집하기 위한 초기면접을 준비한다.

사례관리자가 아웃리치를 통하여 클라이언트의 사례를 발굴할 경우, 잠재적 이용자가 쉽게 충분히 정보를 획득할 수 있도록 이용 가능한 서비스 및 자원의 형태, 서비스 제공기준, 기관 또는 기관 내에서 이루어지는 의뢰절차, 사정 및 검토 절차 등에 관한 정보를 제시해 주며 클라이언트의 자격권한, 선택권 도움을 구하는 방법 및 장소에 관해서도 명확히 알려준다(우국희, 2016). 반면 클라이언트에게 서비스 제공이 적합한지 검토하고 만약 시행기관이 적합한 서비스를 제공할 수 없다면 클라이언트가 원하는 원조서비스를 제공할 수 있는 타 기관으로 클라이언트를 의뢰한다. 다른 기관에 의뢰 시 최대한 3일을 넘기지 않도록 가능한 한 빠르고 민감하게 진행한다(문수경 외, 2019).

사례관리에서 대상자의 발견은 사례관리자와 도움을 필요로 하는 사람이 처음 만나게 되는 단계로, 주로 발견된 사례에 대하여 인테이크 과정으로 진행할 것인지 또는 사례로서의 접수를 유보할 것인지를 판단하기까지의 과정이 된다. 대상자의 발견은 대상자의 직접 요청, 의뢰, 정보제공, 사례관리자에 의한 발견(아웃리치) 등의 세 가지로 구분할 수 있다. 구체적인 내용을 살펴보면 다음과 같다(이근홍, 2020; 전혜성 외, 2020).

① 대상자의 자발적 요청

대상자의 자발적 요청에 의한 초기 접촉은 대상자가 자발적으로 직접 사례관리기관을 방문하거나 전화로 서비스를 의뢰하는 것을 의미한다. 이 경우 서비스 욕구가 강하며 변화의 의지가 크기 때문에 사례관리자가 개입하기에 용이할 수 있다. 그러나 한편으로는 과도한 욕구를 가진 경우도 있어 초기면접에서 욕구를 명확히 하고 이루어질 사례관리에 대한 기대를 적정하게 가질 수 있도록 할 필요가 있다.

② 의뢰

의뢰는 필요한 서비스를 제공할 수 있는 기관, 자원 또는 전문가에게 클라이언트를 직접 연결시켜 주는 방법이다. 이것은 클라이언트의 욕구와 그들에게 유용한 서비스를 확인하고 그러한 서비스에 클라이언트가 참여할 수 있는 기회를 제공하며, 클라이언트와 서비스와의 연결이 잘 이루어졌는가를 확인하는 것을 포함한다(이근홍, 2020).

의뢰에서 클라이언트와 적절한 서비스와의 연결은 신중하게 다루어져야 하며 이를 위해서 다음과 같은 지침은 클라이언트를 의뢰하는 데 도움이 될 것이다(Hepworth & Larsen, 1993).

첫째, 다른 곳에서 서비스를 추구하는 것에 관한 의심, 염려, 오해 등과 같은 클라이언트의 감정을 이끌어 냄으로써 클라이언트의 의뢰에 대한 준비를 확인한다.

사례관리자는 클라이언트에게 의뢰가 반드시 필요하다는 인식을 상기시켜야 하며, 그들에게 의뢰에 대한 준비를 시킨다.

둘째, 어떤 자원이 클라이언트의 욕구와 문제에 가장 적합한가를 결정한다. 사례관리자는 지역사회 내의 다양한 자원에 관한 지식을 소유해야 하며, 기관의 정책과 절차는 물론 기관이나 다른 서비스 제공자에 의해 제공되는 서비스의 질에 관해서도 정통하고 있어야 한다.

셋째, 의뢰에 대한 선택권을 행사할 수 있도록 클라이언트의 자기결정의 권리를 존중하며, 가장 적절하고 유익한 서비스를 추천한다. 그러나 클라이언트의 의사결정에서 사례관리자에게 의지하게 하는 것은 참여를 가장한 전문적인 책임의 회피이다.

넷째, 클라이언트를 원조할 수 있는 다른 기관의 기능에 관한 그릇된 약속이나 비현실적인 재보증(reassurance)을 하지 않는다. 그러나 다른 기관 또는 전문가의 서비스로부터 이익을 얻을 수 있는 클라이언트의 가능성에 관한 낙관은 표현할 필요가 있다.

다섯째, 선택된 기관의 기능이나 방법을 명료하게 하더라도, 다른 전문가가 행할 일을 구체적으로 설명하지 않는다. 전문가들은 각기 다른 방식과 방법을 적용하기 때문에 그들이 행할 일을 규정한다는 것은 그들의 약점을 드러내어 클라이언트에게 실망을 안겨줄 수 있다.

한편 의뢰에서 클라이언트와 서비스와의 성공적인 연결을 위해서는 다음과 같은 단계를 거쳐 의뢰가 이루어져야 한다(Weissman, 1976).

첫째, 서비스의 명칭과 소재지, 약속을 얻어내는 방법, 서비스에 접근하는 방법, 클라이언트가 도달할 수 있는 기대 등과 같은 정보를 포함한 서비스와 접촉하는 데 필요한 사실들을 상세하게 기록한다.

둘째, 특별히 접촉할 사람에 대한 성명을 클라이언트에게 제공한다. 접촉할 사람이 이용할 수 없게 되어 실망하지 않도록 대리인의 성명을 제공한다.

셋째, 클라이언트의 욕구와 문제가 복합적일 경우에 서비스에 대한 내용, 클라이언트의 욕구와 문제, 그들이 원하는 서비스 등을 상술한 간략한 서면의 진술을 클라이언트에게 제공한다.

넷째, 클라이언트로 하여금 약속한 서비스를 요청하도록 한다. 사례관리자는 클라이언트가 접촉할 사람에게 도달하고 그들에게 대화를 인계할 수 있도록 보장하기 위해서 방문 장소를 선택할 필요가 있다.

다섯째, 클라이언트가 혼자 서비스와 접촉하는 데 따른 불안감이 존재할 때 사례관리자, 가족, 친구 등이 클라이언트와 동행하는 것이 좋다. 또한 클라이언트를 준비시키기 위하여 행동연습을 활용하기도 한다.

끝으로 클라이언트가 가진 복잡하고 다양한 문제를 기관에서 해결할 수 없는 상황일 때는 클라이언트의 문제를 보다 빨리 해결하기 위해 다른 전문기관에 의뢰하는 것이 필요하다.

③ 정보제공

정보제공은 접수과정에서 클라이언트를 확인하거나 의뢰할 때 대인서비스 기관이 활용하는 중요한 기술 중의 하나로서 사례관리자가 클라이언트에게 사례관리 서비스와 관련된 내용을 알 수 있도록 필요한 사실들을 제공하는 것이다. 정보제공에서 사례관리자는 클라이언트에게 제공할 정보에 대해 확실히 알고 있어야 하며, 구체적이고 정확한 정보를 클라이언트에게 제공해야 한다. 따라서 접수과정에서 클라이언트에게 정보제공을 위해서는 다음과 같은 지침을 통하여 정보가 제공되어야 한다(Kadushin & Kadushin, 1997).

- 사례관리자가 말하고자 하는 정보를 분명하게 알도록 확인한다.
- 제공하려는 정보가 클라이언트의 욕구와 문제와 관련이 있음을 분명히 한다.
- 클라이언트가 감당할 수 있는 분량의 정보를 제공하여 혼란이 없도록 한다.
- 클라이언트의 교육수준과 어휘능력에 맞게 정보를 제공한다.
- 가능하면 제공하려는 정보를 문서화하도록 한다.
- 정보제공에서 강조해야 할 부분에서는 적절한 표현방법을 활용하도록 한다.
- 클라이언트에 대한 이해와 수용을 극대화하는 방법으로 정보를 제공한다.
- 제공하려는 정보를 클라이언트가 수용할 의지가 있는지 확인하고 세심하게 정보를 제공한다.

- 제공하려는 정보를 클라이언트가 수용할 정서적 준비가 되어 있는지 확인하고 세심하게 정보를 제공한다.
- 클라이언트의 문화적 배경을 고려하여 정보를 제공한다.

④ 아웃리치

사례관리 대상자를 초기 접촉하는 가장 적극적인 방법은 사례관리자가 직접 잠재적 대상자에게 접근하여 발굴하는 경우이다. 아웃리치는 사례관리 서비스 욕구를 갖고 있으나 그 욕구의 충족을 위해 기관을 찾지 않는 잠재적 대상자들에게 서비스의 접근성을 높이도록 사회복지기관의 사회복지사가 직접 찾아나서는 방법이다(한국사례관리학회, 2012). 따라서 아웃리치를 위해 사례관리자가 해야 할 역할은 다음과 같다.

첫째, 지속적으로 잠재적 대상자를 발굴할 수 있는 발견 가능 장소 및 네트워크 체계 등 지역사회 정보를 충분히 알아야 한다.

둘째, 발굴한 대상자와의 개별적인 상호작용을 통하여 이용 가능한 서비스와 자원을 알려주며 기관의 서비스 체계 내로 들어올 수 있도록 격려하고 홍보한다. 아웃리치를 통해 접촉하게 되는 대부분의 잠재적 대상자들은 자신의 정보 노출에 대한 두려움, 무기력감, 서비스에 대한 방어 등을 가지고 있으므로 주의해야 한다. 따라서 사례관리 과정에서 알게 된 내용은 이용자의 허락 없이 다른 사람에게 누설하지 않는다는 약속을 한다(표 8-1 참조).

셋째, 사례관리자는 정기적으로 아웃리치를 수행해야 한다. 아웃리치를 통해 발견되는 잠재적 대상자는 지역사회 내 서비스와 자원의 정보가 부족하거나 문제를 갖고 있지만 서비스의 활용 욕구가 낮으므로 사례관리자는 대상자의 비밀 유지와 자기결정의 권리에 민감하게 대응해야 한다. 또한 서비스의 활용 동기가 낮은 경우 서비스의 이용을 강요하는 것도 바람직하지 않다.

〈표 8-1〉 정보 제공처 및 입수처에 대한 승낙서(예시)

정보 제공처 및 입수처에 대한 승낙서(예시)

20ㅇㅇ년　　월　　일

이용자 :　　　　　　　서명(인)

작성한 서비스계획을 실시하기 위하여 관련기관 등에 본인의 정보를 알리는 것과 질문하는 것을 승낙합니다. 만약 정보제공을 거부할 경우 그 기관으로부터 서비스를 받지 못할 수 있습니다.

정보 제공처

1.

2.

3.

4.

5.

6.

7.

8.

아래와 같은 정보는 허락 없이 ____________________ 에 알려서는 안 됩니다.

해당항목에 모두 ✔해 주시길 바랍니다.

(　) 건강상태(병명)

(　) 가족상황

(　) 결혼상황

(　) 경제상황

(　) 기타 :

2. 초기면접의 목적

초기면접의 목적은 클라이언트에게 사례관리자와 기관의 역할, 기관의 서비스, 클라이언트의 책임성, 그리고 기관의 규정 및 제한점 등과 같은 필요한 정보를 제공해 주며 또한 클라이언트에 관한 정보를 수집하는 것이다. 초기면접에서 클라이언트의 기본적인 정보에 대해 파악해야 할 내용은 다음과 같다(문수경 외, 2019).

- 클라이언트의 일반적 특성
- 클라이언트의 강점 : 외부적인 지지체계, 재능, 성공, 역량, 그리고 긍정적인 태도, 성공이라고 정의하는 상황
- 클라이언트의 약점 : 외부적인 지지체계 결함, 부족한 경험 혹은 정보, 부정적인 태도, 그리고 실패라고 본인이 정의한 상황
- 클라이언트가 호소하고 있는 현재 당면한 문제나 욕구
- 클라이언트가 상황을 파악하는 센스

3. 초기면접 시 기록

기록은 가끔 사생활을 침해하거나 다른 사람에게 부정적으로 보일 수 있다. 사람들은 때때로 자신이 말하는 것이 서류화되는 것을 불편하게 느낄 수 있다. 기록하는 것은 허용되지만 왜 기록을 하는지 무엇을 하는지에 대한 설명이 필요하다. 기본적인 정보를 수집할 때는 이것이 정확한지 확인해야 한다. 기록은 중요한 정보를 손실하지 않도록 도와준다. 클라이언트와 만날 때 주요한 문장 혹은 정보를 간단하게 써둔다. 클라이언트가 가고 나면 짧은 문장으로 다시 정리해두어야 한다. 따라서 전화 문의에 대한 기록과 직접 면담에 대한 기록 등의 두 가지로 나누어 살펴보면 다음과 같다(문수경 외, 2019).

① 전화 문의에 대한 기록

많은 기관들은 전화문의에 대한 내용을 컴퓨터에 문서화하기도 하고 파일로 저장하기도 한다. 전화를 하는 동안 클라이언트에 대한 매우 기초적인 정보를 얻을 수

있고 때로는 전화면접 시 더 많은 정보를 얻을 수 있기 때문에 제공된 정보는 잘 정리하여 기록해야 한다.

전화한 사람이 어떠했는지에 대하여 한 문장 정도는 적어둔다. 예를 들면, 목소리가 어떠했는가, 우울하게 들렸는가, 전화 응대가 이루어진 것에 대하여 기뻐했는가 등이다. 전화 면담할 때 클라이언트가 도움을 요청하는 것은 어려울 수 있지만, 전화 상담가가 수용적이고 공감적이면 클라이언트는 더 쉽게 도움을 요청할 수 있다.

② 직접면담에 대한 기록

많은 사람들은 상황이 급하여 도움을 요청할 때 당일 직접 방문을 한다. 직접 사무실로 클라이언트가 방문하는 경우 접수대에서 근무한 사람이 양식을 작성하기도 하지만 경우에 따라 클라이언트가 직접 작성하기도 한다. 사무실에서 사례관리자가 클라이언트를 직접 만날 때는 클라이언트의 일반적 사항과 현재 당면한 문제 그리고 간단하게 더 깊은 정보를 얻거나 평가를 할 수 있다.

클라이언트의 동기와 기분을 평가하여 기록해 두면 좋다. 예를 들어 설명하면 다음과 같다.

- 민제는 즉시 치료를 시작하고 싶어 했고 화가 난 듯해 보였다.
- 소미는 현재 처한 환경에 대해 우울해 보였지만 서비스를 잘 받고 싶어 하는 것 같다.
- 주아는 다른 사람들이 자신을 도와줄 수 있는지에 대해 의심한 듯 보였지만 도움을 찾고 싶어 하였다.
- 박 어르신은 슬픈 일을 겪었고 면담 중에 우울해 보였다.
- 이 할아버지는 최근 발생한 일에 대해 초조해 보였고 기관의 서비스 절차에 대해 어느 정도는 별로 달가워하는 것 같지 않았다.

초기면접지에 작성하는 구체적인 내용은 다음과 같다(전혜성 외, 2020).

① 접수경로 : 초기면접에 이르게 된 경로를 선택

- 대상자가 자발적으로 서비스를 요청한 경우로 전화, 이메일, 내방 등 상담 및 서비스 요청방법 기록(대상자 요청)
- 사례관리자가 상담과정 혹은 가정방문 중 서비스 대상자로 잠정 평가하여 직접 초기상담을 한 경우에 선택(사례관리자의 발굴)
- 기관 내부 의뢰 : 의뢰부서 및 의뢰자 기록
- 타 기관 의뢰 : 의뢰부서 및 의뢰자 기록
- 지역주민 등 의뢰 : 이웃 주민 등을 통해 의뢰된 경우에 선택

② 의뢰사유

내외부로부터 의뢰받은 경우(기관 내부 의뢰/ 타 기관 의뢰/ 지역주민 등 의뢰), 의뢰사유 및 상황 등을 구체적으로 확인하여 기록

③ 상담유형

내방, 가정방문, 전화 등을 선택

④ 대상자

대상자의 기본 정보를 기록한다. 이름, 생년월일, 성별, 주소, 연락처, 학력, 직업, 보호대상 구분, 가구 형태, 건강 상태 등을 기록, 장애유형과 등급을 기록

⑤ 가족사항

가족원과 현재 동거인을 포함하여 기록

⑥ 대상자의 욕구 및 문제

초기상담을 통해 파악한 잠재적 사례관리 대상자가 진술하는 어려움과 도움의 내용, 10가지 욕구 유형에 근거하여 구분하여 서술한다. 초기면접지에서는 욕구내용의 구체성이 다소 낮더라도 대상자의 언어로 서술하는 것이 바람직하다.

⑦ 상담자의 의견

초기면접자는 대상자의 진술과 파악된 객관적 정보를 중심으로 의견을 서술한다. 기관의 사례관리 서비스 대상으로 적합 여부를 판정하기 위해 초기면접자는 사례관리 대상, 서비스 연계 대상, 미선정 대상으로 제안한다. 이때 초기면접자의 판단에 따라 사례관리 대상으로 보이며 긴급개입이 필요한 경우 사례관리 서비스가 신속하게 진행될 수 있도록 한다.

〈표 8-2〉 초기면접 기록지

<table>
<tr><td colspan="2">접수 번호</td><td colspan="3"></td><td colspan="2">일시</td><td colspan="2"></td></tr>
<tr><td colspan="2">면접자</td><td colspan="3"></td><td colspan="2" rowspan="2">장소</td><td colspan="2" rowspan="2">□ 가정 □ 내방
□ 전화 □ 지역사회기관</td></tr>
<tr><td colspan="2">면접 참여</td><td colspan="3"></td></tr>
<tr><td colspan="2">면접 경로</td><td colspan="7">□ 본인 요청 □ 사례관리자 발굴 □ 내부 의뢰 □ 의무 의뢰 □ 기타</td></tr>
<tr><td colspan="2">대상자</td><td colspan="3"></td><td colspan="2">생년월일</td><td colspan="2"></td></tr>
<tr><td colspan="2">주소</td><td colspan="3"></td><td colspan="2">전화번호</td><td colspan="2"></td></tr>
<tr><td colspan="2">후견인</td><td colspan="3">성명 (관계 :)</td><td colspan="2">전화번호</td><td colspan="2"></td></tr>
<tr><td colspan="2">장애유형</td><td colspan="3"></td><td colspan="2">건강상태</td><td colspan="2">□ 양호 □ 질환( )</td></tr>
<tr><td colspan="2">보호구분</td><td colspan="7">□ 수급 □ 조건부 수급 □ 저소득/ 차상위 □ 기타</td></tr>
<tr><td colspan="2">주거상태</td><td colspan="7">□ 자택 □ 전세 □ 월세(월 원) □ 영구임대 □ 기타( )</td></tr>
<tr><td rowspan="5">가족 사항</td><td>관계</td><td>성명</td><td>나이/ 성별</td><td>직업</td><td>결혼 상태</td><td>동거 여부</td><td>연락처</td><td>기타</td></tr>
<tr><td></td><td></td><td></td><td></td><td></td><td></td><td></td><td></td></tr>
<tr><td></td><td></td><td></td><td></td><td></td><td></td><td></td><td></td></tr>
<tr><td></td><td></td><td></td><td></td><td></td><td></td><td></td><td></td></tr>
<tr><td></td><td></td><td></td><td></td><td></td><td></td><td></td><td></td></tr>
<tr><td colspan="2">대상자의 진술
(도움 요청 내용)</td><td colspan="7"></td></tr>
<tr><td colspan="2" rowspan="2">면접자 평가</td><td colspan="7"></td></tr>
<tr><td colspan="2">대상판정</td><td colspan="5">□ 대상(긴급/ 일반) □ 비대상(정보 제공/ 연계 :)</td></tr>
</table>

제2절 접수과정의 주요 실천기술

접수과정에서 클라이언트가 처한 상황과 복잡하고 다양한 문제를 명확하게 파악하기 위해서는 주요 실천기술을 활용하여야 하는데 구체적인 내용을 살펴보면 다음과 같다(이근홍, 2020; 이준우 · 최희철, 2016).

1. 의사소통 기술

접수과정에서 의사소통 기술은 다른 어떤 기술보다도 더욱 중요하다. 이것은 사례관리에서 클라이언트와 관계를 형성하고, 욕구와 문제를 사정하며, 클라이언트와 가족을 설득하거나 협상하는 등 실천과정을 원활하게 진행하는 것과 직접적으로 관련되는 필수적인 기술이다. 의사소통 기술은 사례관리자가 자신의 생각이나 감정을 클라이언트에게 정확하게 전달하고 클라이언트의 생각과 감정을 정확하게 받아들이고자 하는 데 목적을 두고 있다.

2. 경청기술

경청기술은 많은 사람들이 잘 알고 있다고 생각하지만 실제로 그렇지 못한 경우가 많다. 경청을 방해하는 주요 원인은 대부분 경청과 동의를 혼동하기 때문이다. 경청은 말 그대로 잘 듣는 것이다. 서비스 이용자가 하는 말이나 주장을 주의 깊게 들어주거나 그것을 수용하는 것이다. 즉, 인정은 그 사람의 입장에서 그렇게 이야기하거나 주장할 수 있다는 것을 의미하는 것이지 경청자가 반드시 서비스 이용자의 주장에 동의해야 경청한다는 의미는 아니다. 경청을 두 단계로 나누어 살펴보면 다음과 같다.

- 주의 깊게 듣고 인정하는 기술이다. 이때 사례관리자가 피드백 기술을 많이 사용하는 것도 경청기술을 높여준다.
- 동의 수준의 경청인데 이 단계는 필요할 수도 그렇지 않을 수도 있다.

3. 면접기술

면접기술은 접수과정을 포함하여 사례관리의 모든 과정에 필요하기 때문에 이것은 대단히 중요한 기술 중의 하나이다. 면접은 참여자 사이에 수락된 계획적인 목적을 가진 대화이다(Kadushin, 1972). 즉, 이것은 의식적으로 선택한 목적을 성취하기 위해 클라이언트와의 언어적 · 비언어적 의사소통을 통해서 전문가에 의해 행해지는 대면적인 상호작용이다.

면접기술에서 가장 많이 활용하는 것은 클라이언트에 대한 질문이다. 그 외에 중요한 면접기술로는 관찰, 경청, 통솔과 지시, 공감과 동정, 명료화, 해석, 정보제공, 침묵의 활용, 바꾸어 말하기, 초점유지, 환류 주기, 요약, 상대방에 대한 집중, 중립의 유지, 방어행동에 대한 대처 등이 있다. 효과적 · 효율적인 면접이 되기 위해서는 면접의 비밀성, 집중된 주의력, 이완된 분위기, 채광, 방의 크기 등과 같은 물리적 환경이 조성되어야 하며, 면접시간을 클라이언트와의 자기결정에 입각하여 결정하고 효과적인 기록을 하며, 면접내용에 대한 비밀을 보장하고 사례관리자가 클라이언트에 대한 배경지식을 소유하고 있어야 한다.

4. 신뢰 구축 기술

사례관리자와 서비스 이용자의 초기 신뢰 구축은 사례관리의 질을 결정할 수 있는 매우 중요한 단계라 할 수 있다. 그 이유는 초기 신뢰 구축이 이용자로 하여금 자신에 대한 정보를 사례관리자에게 충분히 제공하도록 하고 양자 간의 문제해결을 위한 파트너십을 견고하게 형성하는 데 도움이 되기 때문이다. 신뢰 구축을 위한 구체적인 기술 내용을 살펴보면 다음과 같다(권진숙 · 박지영, 2009; 인천광역시 사회복지관협회 외, 2009).

① 신뢰 구축을 위한 기술은 애정을 보이는 것

이 기술은 서비스 이용자에게 사례관리자가 그의 문제에 관심을 가지고 있으며 자신의 이야기를 듣고 싶어 한다는 메시지를 전달함으로써 경직된 마음과 불안을 경감시키는 기능을 한다. 또한 사례관리자와 서비스 이용자 간에 지지적이고 협조적인 상호작용을 유지하도록 함으로써 이용자가 자신의 문제를 객관적으로 이해하고 수용할 수 있는 내적 힘을 갖도록 도울 수 있다.

② 조직적이고 구체적인 표현 기술

이 기술은 서비스 이용자가 펼쳐 놓은 문제들을 조직력 있고 구체적인 표현으로 명료화함으로써 앞으로 사례관리자가 다루어야 할 이용자의 문제상황과 우선적인 문제를 규명하고 해결을 위한 접근을 어떻게 진행해 나가야 할 것인가를 체계적으로 이해하는 것이다. 이 기술에서 조직력이라 함은 사례관리자와 서비스 이용자가 주목해야 할 목적과 방향설정 능력을 의미하고, 구체적 표현 능력이란 가시적이고, 실질적이며, 즉각적 원조를 제공할 수 있는 능력을 의미한다.

③ 솔직함의 표현 기술

이 기술은 경력이 많지 않은 사례관리자가 특히 기억해야 할 기술로 일반적으로 인간관계 형성 시 신뢰관계 구축의 큰 변수로 작용한다. 아직 경력이 짧거나 전문가로서 자신감이 적은 사례관리자의 경우 자신의 지위나 전문성을 지나치게 과대 혹은 과소 포장하는 경향이 있는데 이것이 오히려 신뢰관계 형성을 저해하게 된다는 것이다. 이 같은 기술 부족의 결과는 서비스 이용자와의 신뢰관계 형성이 불가능하거나 이용자에게 끌려다니게 되는 경우로 나타난다. 이때 사용할 수 있는 기술로 자신의 경력에 대한 솔직한 소개 혹은 일반적 상식을 기반으로 하는 관계 형성 노력이 있다. “제가 아직 경력이 짧습니다. 제가 들은 것을 제 슈퍼바이저에게 보고하고 의논하여 다시 알려드리겠습니다” 혹은 “제가 이해하기에 좀 힘든 상황인 것 같습니다. 이 문제에 대해 전문가의 자문을 얻은 후 다시 의논해 보기로 하는 것이 어떤가요?” 등의 진술이 도움이 될 수 있다.

5. 자료수집 기술

접수과정에서 중요한 것 중의 하나는 클라이언트를 확인하기 위해서 그와 관련된 정확한 자료를 수집하는 것이다. 클라이언트와 관련된 자료를 수집하기 위해서는 다양한 자료수집 기술을 활용해야 한다.

자료수집 기술에서 가장 많이 활용하는 것은 클라이언트의 현재의 당면한 욕구와 문제, 클라이언트의 능력, 가족관계 등과 관련된 질문이다. 그 외에 중요한 자료수집 기술에는 클라이언트에 대한 사례관리자의 지속적이고 체계적인 관찰, 클라이언트와 관련된 기존 자료의 활용, 표준화된 도구를 이용한 검사, 전문가의 의견, 클라이언트에 대한 설문지의 작성, 자신의 행동과 신체적 · 정신적 상태에 대한 클라이언트의 평가 등이 있다(이윤로, 2007).

6. 감정이입 기술

감정이입이란 사례관리자가 클라이언트의 느낌과 감정을 명확하게 이해하고 동참할 수 있는 능력을 말한다. 이것은 사례관리자가 클라이언트의 입장과 기준에서 그들을 이해하려는 능력이며(Cormier & Cormier, 1991), 그들의 감정과 하나가 되어 감정의 의미까지도 민감하게 느낄 수 있는 능력을 말한다. 감정이입을 위해서 사례관리자는 클라이언트의 상황을 스스로 상상할 수 있는 능력, 클라이언트가 느끼는 정도로 느낄 수 있는 능력, 감정이입이 될 수 있도록 말하는 능력 등 세 가지 측면에서 주의를 기울여야 한다(Frankel & Gelman, 2004).

감정이입을 실행하기 위해서는 먼저 클라이언트와 유사한 상황에 있다면 나는 어떤 감정을 느낄 것인가에 대해서 생각해 보는 것이 필요하며, 적극적인 경청을 통해 클라이언트의 감정을 이해하도록 노력해야 한다(이윤로, 2007). 접수과정에서 사례관리자는 클라이언트를 확인하기 이전에 그들이 당면한 욕구와 문제가 무엇이며, 그들이 그것을 어떻게 느끼고 생각하고 있는가를 이해하기 위해서 감정이입 기술을 활용한다.

7. 계약기술

계약기술은 사례관리자와 클라이언트가 각자의 역할, 책임, 기대, 수행할 업무의 목적, 개입방법 등을 서로 동의하고 문서나 구두를 통하여 공식화하고 구조화하는 기술이다. 즉, 사례관리자와 클라이언트가 달성해야 할 목표와 그를 위한 수단을 명확히 하고, 클라이언트의 역할을 설명하며, 원조가 필요한 조건들을 공식화하는 것이다.

사례관리자는 클라이언트와 상호 간의 이해를 바탕으로 성취하고자 하는 목표에 대한 합의점을 모색해야 하며, 가능한 한 합의내용을 문서화해야 한다. 클라이언트는 대개 계약서를 작성하는 데 익숙하지 않은 경우가 많으므로 계약서 작성과 관련된 클라이언트의 반응을 잘 살펴보고 작성과정에서 그들의 자유를 최대한 보장해야 하며, 계약서의 작성 시 클라이언트의 참여를 촉구할 필요가 있다(엄명용 외, 2008). 계약기술의 활용에서 사례관리자는 계약의 내용들을 정확히 숙지하며, 계약내용을 공동으로 공식화할 수 있도록 하고, 그 계약을 체계적으로 협상하여 체결할 수 있도록 해야 한다.

❙ 참고문헌 ❙

권진숙 · 박지영(2009). 사례관리의 이론과 실제. 학지사.

문수경 외(2019). 사례관리론. 정민사.

엄명용 외(2008). 사회복지실천기술의 이해. 학지사.

우국희(2016). 사례관리론. 공동체.

이근홍(2020). 사례관리론. 지식공동체.

이윤로(2007). 사회복지실천기술론. 학지사.

이준우 · 최희철(2016). 사례관리론. 신정.

인천광역시 사회복지관협회 · 사례관리연구회(2009). 인천광역시 사회복지관 사례관리실천을 위한 매뉴얼 연구보고서.

전혜성 외(2020). 현장 사례관리. 학지사.

한국사례관리학회(2012). 사례관리론. 학지사.

Cormier, W. H., & Cormier, L. S.(1991). Interviewing strategies for helper : *Fundamental Skills and Cognitive Behavioral Intervention*. Pacific Grove, CA : Books/Cole.

Frankel, Arthur J., & Gelman, Sheldon R.(2004). *Case Management-An Introduction to Concepts and Skills*(2nd ed.). Chicago, IL : Lyceum Books Inc.

Hepworth, Dean H., & Larsen, Jo Ann(1993). *Direct Social Work Practice : Theory and Skill*(4th ed.). Pacific Grove, CA : Brooks/Cole publishing Company.

Kadushin, Alfred(1972). *The Social Work Interview*. New York : Columbia University Press.

Kadushin, A., & Kadushin, G.(1997). *The Social Work Interview*(4th ed.). New York : Columbia University Press.

Weissman, A.(1976). Industrial Social Services : Linkage Technology. *Social Casework*, 57, Milwaukee, WI : Family Service America.

CHAPTER 09

사례관리 사정 단계

CHAPTER 09

사례관리 사정 단계

제1절 사례관리 사정의 개념과 특성

1. 사례관리 사정의 개념

사정(assessment)이란 클라이언트의 욕구에 대한 정보를 수집하고 수집된 정보를 종합적이고 체계적으로 분석하여 최종적으로 개입할 문제를 규정하여 개입의 방향을 결정하는 과정이다. 사정은 생태체계적 관점에 기반하여 포괄적으로 이루어지며, 문제뿐만 아니라 클라이언트와 그 가족이 가진 강점 및 자원에 대해서도 구체적으로 사정하여야 한다. 사정은 이 단계에 국한하지 않고 사례관리 전 과정에 걸쳐 지속적으로 일어날 수 있다. 또한 자료수집 과정에 이어 사정단계에서도 클라이언트의 참여는 계속해서 중요한 역할을 차지한다(Woodside & McClam, 2006). 일반적으로 욕구, 자원 및 강점, 장애물에 대한 사정이 이루어진다.

2. 사례관리 사정의 특성

사정은 클라이언트의 삶의 변화과정에서 핵심이 되는 주요한 과정으로 사례관리자와 클라이언트의 협력적이고 상호 의존적인 관계라 볼 수 있다. 따라서 사정의 대한 주요 학자들의 특성을 살펴보면 다음과 같다(노 혁, 2014, 서보준 외, 2021 재인용).

1) 사정은 계속되는 과정이다.

사정은 사회복지실천과정 전체를 통하여 계속된다. 초기 사정뿐만 아니라 면담을 통하여 사회복지사와 클라이언트의 상호협력 과정에서 새로운 정보가 나타나고 클라이언트의 욕구와 문제에 대한 인식 변화 등이 일어날 수 있으므로 사정은 실천과정 동안 계속되어야 한다.

2) 사정은 두 가지에 초점을 둔다.

첫 번째는 상황 속의 클라이언트를 이해하는 것이고, 두 번째는 개입계획의 기초를 제공하는 것이다.

클라이언트의 내면과 성격을 이해하고 판단하며 사정하는 것뿐만 아니라 클라이언트를 둘러싼 인간과 환경에 대한 이해를 통한 포괄적인 사정이 필요하다. 이것을 위해서는 정보는 다양한 경로와 형태로 수집되어야 하지만 가장 중요한 것은 클라이언트 자신의 이야기를 잘 듣는 일이다. 물론 클라이언트의 언어뿐만 아니라 비언어적 표현 등도 중요한 정보 제공원이 된다. 한편 상황속의 인간으로서 클라이언트를 이해하는 것과 동시에 수집된 정보를 통하여 클라이언트의 욕구와 관심을 이끌어 냄으로써 클라이언트와 주변 환경의 변화를 위한 개입의 중요한 기초를 쌓을 수 있어야 한다.

3) 사정은 클라이언트와 사회복지사의 상호성을 기초로 한 과정이다.

사정은 기본적으로 사회복지사와 클라이언트의 상호과정 속에서 나타난 자료수집을 통해서 진행된다. 즉, 사회복지사의 관찰 및 클라이언트의 이야기 등을 통해서 자료가 제공된다. 사회복지사는 클라이언트를 둘러싼 환경을 이해하고 사실을 판단하기 위하여 클라이언트와 함께 관찰한 것과 다른 정보에 대해서 토의해야 한다. 이러한 과정은 클라이언트의 역량을 강화시키는 의미뿐만 아니라 정확히 어떤 것이 중요한 것인지 등을 알 수 있는 방법이 된다.

4) 사정의 과정은 끊임없이 움직인다.

클라이언트의 문제와 사실은 그것을 보는 시각과 상황의 변화에 따라서 적극적, 역동적으로 움직여야 한다.

5) 사정은 수평과 수직적 탐색 모두가 중요하다.

사회복지사는 클라이언트의 수평적 탐색과 수직적 탐색 중 어느 것이 필요한 시점인지에 대해 항상 판단해야 한다. 수평적 탐색은 클라이언트의 욕구에 필요한 환경체계(eco-system)에 있는 자원과 강점이고, 수직적 탐색은 클라이언트를 둘러싼 환경에 대한 정보(자원, 강점 등)가 얼마나 클라이언트의 욕구와 정서에 부합되는지를 심도 있게 찾는 것이다.

6) 사정에는 지식이 필요하다

사정은 클라이언트의 상황과 성격의 특수성을 감안하면서 지식은 계속 수정되고 응용되어야 한다.

7) 사정은 욕구를 발견하고 욕구만족을 방해하는 것이 무엇인지를 생활 상황과 관련지어 명확히 하기 위한 과정이다.

사정에서 사회복지사는 사정을 통해서 클라이언트의 욕구를 정확히 밝혀내는 일이 무엇보다 중요하다.

8) 사정은 개입과정에 기초가 되는 클라이언트와 환경체계의 강점을 포함해야 한다.

사회복지사는 사정을 통해 클라이언트가 가진 신체 · 정신 · 정서 · 행동과 관련한 강점을 파악하고 그러한 강점을 클라이언트가 과업과 목표를 성공적으로 달성하는 데 활용해야 한다.

9) 사정은 개별적이다.

사회복지사는 클라이언트에 따라서 사정의 방법 및 방향이 달라져야 하며, 또한 클라이언트가 연관되어 있는 다른 상황도 미리 생각해 보아야 한다.

10) 사정은 판단이 요구된다.

사회복지사는 사정에서 어떤 내용에 어떤 지식을 응용할 것인지 그리고 어떤 부분을 고려할 것인지, 그것을 클라이언트와 어떻게 연결시킬 것인지, 어떻게 문제 정의를 할 것인지 결정해야 한다.

11) 사정은 완벽할 수 없다.

사회복지사는 클라이언트를 완전히 이해하는 데는 항상 한계가 있다는 것을 알아야 한다.

제2절 사정의 유형과 사정 시 유의사항

1. 사정의 유형

사정의 유형에는 욕구 사정, 자원 및 강점 사정, 장애물 사정, 종합적 사정 등의 네 가지로 구분되는데 구체적인 내용을 살펴보면 다음과 같다(정성배 외, 2019; 한국사례관리학회, 2021).

1) 욕구 사정

욕구(need)의 사전적 정의는 '결핍'이나 '필요'이지만 사회복지에서는 특정 프로그램이나 서비스를 제공해야 할 개입의 필요성으로 전환하여 정의된다. 따라서 욕구

사정이란 서비스나 지원이라는 형태의 개입을 통해 변화를 도모해야 할 클라이언트의 상황에 대한 가설을 수립하는 과정으로 정의할 수 있다. 그러므로 욕구 사정을 명확히 하기 위해서는 클라이언트가 직접 도움을 요청한 경우가 아니라면 클라이언트와 의뢰자의 주요 문제를 각각 분석할 필요가 있다. 자신이 처한 삶의 상황이나 사례관리를 위해 클라이언트를 의뢰한 입장에서 클라이언트가 처한 삶의 상황을 바라보는 관점이나 이유가 달라질 수 있기 때문이다. 따라서 당사자가 도움을 요청한 경우가 아니라면 의뢰 시 제시된 문제에 대해 이해관계자들의 입장과 의견을 다각적으로 분석하기 위해 다양한 정보(정보제공자와 정보의 형태)를 활용할 필요가 있다. 즉, 클라이언트나 의뢰인의 진술 정보에만 의존하지 않도록 주의한다. 또한 욕구 사정은 클라이언트가 원하는 서비스나 자원을 제공하는 것이 아니라 클라이언트와 합의한 목표를 달성하는 데 필요한 수단으로서 자원을 제공하는 과정임을 분명히 인식할 필요가 있다. 따라서 욕구 사정은 어떤 어려움이 우선 해결될 필요가 있는지를 중심으로 사정하며 결과적으로 언제까지 어떠한 결과를 지향할 것인지를 중심으로 사정·평가하는 것이 필요하다.

2) 자원 및 강점 사정

사례관리자는 정확한 자원 사정을 통해 클라이언트의 문제해결을 위해 새롭게 제공되어야 하는 자원과 이미 가지고 있는 자원 중 활용되어야 하는 자원이 무엇인지 구분해야 한다. 실제로 이 단계에서 철저한 사정이 이루어지지 않으면 중복 서비스 제공, 클라이언트나 가족의 능력을 과소평가하거나 의존심을 부추기는 결과를 초래한다(권진숙 외, 2018).

클라이언트와 가족의 강점을 사정하는 것 역시 중요하다. 강점 사정을 위해서는 클라이언트의 강점에 대해 믿음과 강점을 발견하려는 세심한 노력이 중요하다. 또한 사정된 강점을 계획 단계에 반영함으로써 이후 클라이언트의 문제해결 과정에 실제로 강점을 활용한다. 자원과 강점을 효과적으로 사정하기 위해서는 사례관리자가 자원 전문가가 되어야 하며, 강점에 대해서도 민감해야 한다. 그러나 자원과 관련하여 사례관리자가 개인이 지역사회자원에 대한 최선의 정보를 갖는 것만으로는 부족하며, 지역사회 내 자원이 부족한 경우가 많으므로 자원 개발을 위해 지속적으로 노력해야 한다.

3) 장애물 사정

장애물은 사례관리자가 클라이언트를 온전히 이해하고 돕는 데 방해가 되며, 클라이언트에게는 계획 단계에서 얻을 수 있는 혜택을 갖지 못하게 한다. 또한 Bellow와 Mink(1986)는 클라이언트가 보일 수 있는 보편적인 내부 장애물로 비관주의, 비판주의, 운명주의, 냉소주의를 말하였다. 이 외에 문제해결에 방해가 되는 요소가 클라이언트 외부에 있는 경우를 외부 장애물이라고 한다. 외부 장애물에는 자원 이용을 위한 교통편 부족, 지방자치단체의 예산 부족, 사회적 편견 등이 있다.

사례관리자는 장애물이 확인되면 장애물을 극복하기 위한 전략을 수립해야 한다. 예를 들어, 클라이언트가 고등학생인 사례에서 합의된 욕구와 계획으로 각각 '성적 향상'과 '매일 3시간씩 독서실에서 스스로 학습하기' 등을 선정했다고 가정해 보자. 이 경우 장애물로 클라이언트의 의지 부족이 사정되었다면, 장애물 극복을 위해 부모님과 사례관리자가 매일 지지해 주기를 전략적으로 세울 수 있다.

4) 종합적 사정

종합적 사정은 욕구, 자원, 장애물 등에 대한 각각의 상황에 대한 종합적인 평가 및 분석적 작업을 하는 단계이다. 클라이언트의 삶의 문제나 어려움 결핍 등 부족한 부분만이 아니라 강점이나 자원 등 종합적인 내용을 고려한 균형 잡힌 시각이 요구된다. 따라서 종합적 사정은 클라이언트가 문제시하거나 요구하는 서비스와 관련한 특정 욕구 영역에 국한하는 것이 아니라 전반적인 삶의 상황을 재검토하는 의미가 있다. 이를 위해서는 개인-환경의 상호작용에 초점을 맞춘 생태체계적 사정을 해야 한다. 즉, 클라이언트뿐만 아니라 비공식적 지지체계, 나아가 지역사회 환경에 이르는 다양한 차원에 대한 포괄적이고도 세밀한 사정이 요구된다. 사정 단계에서 사례관리자는 다음의 내용을 포함하는 포괄적 사정활동에 집중한다(Moxley, 2004).

- 클라이언트의 능력과 대인서비스 욕구에 대한 사정
- 클라이언트의 사회적 망과 이러한 망 구성원이 클라이언트의 욕구에 부응하는 능력에 대한 사정
- 대인서비스 제공자에 대한 사정과 이러한 제공자가 클라이언트의 욕구에 부응하는 능력에 대한 사정

2. 사정 시 유의사항

사례관리자는 사정 과정에서 다음과 같은 사항에 유의해서 사정해야 한다. 구체적인 내용을 살펴보면 다음과 같다(최은정 외, 2017).

① 클라이언트뿐만 아니라 가족의 욕구도 함께 사정할 수 있다. 아동이 있는 가정의 경우 보호자인 부모나 조부모의 빈곤, 정신건강, 장애 등의 문제가 아동의 발달에 직접적인 영향을 미칠 수 있다. 따라서 이 경우 보호자의 충족되지 않은 욕구 또는 문제도 포함하여 사정해야 한다.

② 사정 시 사례관리자의 이론적 근거와 판단이 필요하다. 사례관리자는 사정을 통해 개입 방향과 내용을 결정하게 되는데, 이 경우 사례관리자의 이론적 지식에 근거하여 판단한다. 예를 들어, 문제나 병리가 아닌 클라이언트가 원하는 변화와 이미 일어나고 있는 변화에 초점을 맞추어 개입 방향을 정할 경우, 사례관리자는 강점 관점 해결중심모델에 기초하여 사정한다.

③ 보통 사례관리자로 접수된 후 10일 이내에 욕구 및 위기도 조사와 같은 사정을 마쳐야 한다. 그리고 이후 5일 이내에 사례회의를 거쳐 대상자 구분 및 선정을 하고, 대상자로 선정이 되면 20일 이내에 서비스 계획을 수립하여 통보하도록 하고 있다(보건복지부, 2016).

④ 사례관리 사정은 3개월 주기로 재사정을 실시한다. 단, 클라이언트 또는 환경의 새로운 요구(변화)가 있을 경우 수시로 재사정을 실시하여야 한다(권진숙 외, 2018).

⑤ 사례에 대한 사정은 사례회의(case-conference)를 통해 이루어진다. 사례회의에서 클라이언트에 대한 종합적인 사정 내용을 토대로 개입 방향과 서비스 내용을 결정하게 된다. 사례회의는 여러 분야의 전문가가 참석하는 것이 바람직하다.

제3절 사례관리 사정의 과정

1. 사정의 과정

사정은 자료수집, 자료 분석, 자료평가, 과업 규정, 개입기획의 다섯 가지로 나누어지는데 구체적인 내용을 살펴보면 다음과 같다(이근홍, 2020).

1) 자료수집

자료수집 단계에서 클라이언트와 관련된 자료를 수집하기 위해서는 우선적으로 일정한 서식을 통하여 클라이언트로 하여금 필요한 사항을 기재할 수 있도록 하는 방법을 활용할 수 있으며, 클라이언트에 대한 질문을 통하여 그의 다양하고 복합적인 욕구, 해결되지 않은 문제, 감정, 관점, 사고 및 사건의 표현, 기능과 능력 등을 진술하게 할 수 있다(Hepworth & Larson, 1993). 자료수집의 또 다른 방법으로는 클라이언트 자신의 비언어적 의사소통과 관련된 사항들 및 클라이언트와 배우자, 가족성원 또는 집단성원과의 상호작용과 관련된 사항들을 직접적인 관찰을 통하여 파악할 수 있으며, 친척, 친구, 이웃, 동료, 고용주, 후견인, 교사, 경찰, 간호사, 치료사, 의사, 변호사, 영양학자, 심리학자, 정신의학자 등과 같은 중요한 타자들과 전문가들의 견해를 통하여 부차적인 자료를 수집할 수 있다. 그 밖에도 심리검사, 의학적 검사, 지능검사 등을 통하여 자료를 수집할 수 있으며, 클라이언트와 관련된 기존의 자료들 및 동료 실천가의 개별적인 경험들을 활용할 수 있다.

2) 자료 분석

자료 분석 단계에서는 먼저 클라이언트와 관련하여 수집된 다양한 자료들 중에서 클라이언트의 다양하고 복합적인 욕구와 문제에 관한 내용들을 각 욕구와 문제의 영역별로 선정하여 열거한다. 그리고 클라이언트의 신체적 · 인지적 · 정서적 · 정신적 기능을 영역별로 세분화시켜 각각의 기능수준을 분석하며, 역기능적인 정신적 상태도 영역별로 분석한다.

또한 자료분석의 단계에서는 클라이언트의 능력을 클라이언트와 중요한 타자들의 진술, 전문가의 의견, 고용주의 의견, 재산목록, 경력증명서, 자격증서 등을 통하여 판단하여 열거한다. 사회자원은 비공식 자원체계와 공식 지원체계로 구분하여 실제적인 자원으로서의 활용 가능성에 관하여 분석한다. 비공식 지원체계에서는 가족의 클라이언트에 대한 보호능력에 초점을 두어 분석하며, 그 밖의 자원들은 지원 가능성과 자원내용에 초점을 두어 분석한다. 공식 지원체계는 욕구영역별로 자원의 종류를 세분화하고 조직화하여 지원내용을 분석한다.

3) 자료평가

자료평가 단계에서는 먼저 욕구영역별로 정선된 클라이언트의 다양하고 복합적인 욕구를 긴박한 필요성에 따라 평가하여 우선순위를 설정한다. 그 다음으로는 기능의 영역별로 세분화하여 분석한 클라이언트의 기능을 기능수준별로 5단계 정도로 나누어 자립과 의존의 정도를 평가한다.

또한 클라이언트의 능력을 강점과 잠재력의 개발에 초점을 맞추어 클라이언트가 스스로 욕구를 충족시키고 사회적 기능을 향상시킬 수 있는 정도를 최소한의 능력과 최대한의 능력으로 구분하여 평가한다. 사회자원은 비공식 지원체계와 공식 지원체계의 클라이언트에 대한 보호능력을 욕구영역별로 세분화하여 평가한다.

4) 과업 규정

과업 규정 단계에서는 먼저 세밀하게 평가된 클라이언트의 기능과 능력을 바탕으로 클라이언트가 자신의 다양하고 복합적인 욕구를 충족시키고 문제를 해결하며 사회적 기능을 향상시키기 위해 스스로 행할 수 있는 일들을 욕구와 문제의 영역별로 규정한다. 그 다음으로는 클라이언트의 자기보호 노력을 위해 스스로 해야 할 일들을 규정한다.

또한 가족을 포함한 비공식 지원체계가 클라이언트의 욕구 충족을 위해 행할 수 있는 과업들을 자원의 종류별, 욕구영역별로 구분하여 규정하며, 공식지원체계가 클라이언트의 욕구 충족을 위해 행할 수 있는 일들을 욕구영역별로 구분하여 결정한다.

5) 개입기획

개입기획 단계에서는 사례관리의 기획과정에서 서비스계획을 세우는 데 필요한 관련 사항들을 규정된 과업을 바탕으로 열거하는 것이다. 즉, 이것은 우선순위가 결정되어 있는 클라이언트의 욕구와 문제 및 욕구를 충족시키고 문제를 해결하기 위해 행할 수 있는 과업과 서비스의 내용들을 클라이언트, 비공식 지원체계 및 공식 지원체계의 수행영역별로 체계적으로 열거하는 것이다. 이와 같은 사정의 단계들은 사례관리의 전반적인 목적을 성취하는 데 기여하며, 사례관리자가 클라이언트에게 관여할 수 있는 근거와 단계 및 클라이언트를 접촉하는 초점을 제공할 수 있다. 이것은 서비스계획을 위한 자료와 정보를 체계화하는 과정이기 때문에 클라이언트의 적극적인 참여를 바탕으로 그들과의 관계를 수립하고 상세하고 정확하게 이루어져야 한다.

〈표 9-1〉 사례관리 사정 기록지

<table>
<tr><td>등록번호</td><td></td><td>클라이언트</td><td></td><td>사례관리자</td><td></td></tr>
<tr><td>작성일</td><td>20○○. ○. ○.</td><td>유형</td><td>□ 신규
□ 재사정</td><td>정보제공자</td><td></td></tr>
<tr><td>우선순위</td><td>제시된 요구</td><td>욕구</td><td>강점 및 자원</td><td colspan="2">장애물</td></tr>
<tr><td></td><td></td><td></td><td></td><td></td><td></td></tr>
<tr><td></td><td></td><td></td><td></td><td></td><td></td></tr>
<tr><td></td><td></td><td></td><td></td><td></td><td></td></tr>
<tr><td></td><td></td><td></td><td></td><td></td><td></td></tr>
<tr><td colspan="3">가계도</td><td colspan="3">생태도</td></tr>
<tr><td colspan="3"></td><td colspan="3"></td></tr>
<tr><td>기타 척도</td><td colspan="5"></td></tr>
<tr><td>사정
종합의견</td><td colspan="5"></td></tr>
</table>

제4절 사례관리 사정의 주요 기술

1. 사정 과정의 주요 기술

사정 과정의 주요 기술에는 기록기술, 가계도 및 생태도 작성기술의 세 가지로 구분되는데 구체적인 내용을 살펴보면 다음과 같다(서보준 외, 2021).

1) 기록기술

기록은 사례관리 실천과정 전반에 걸쳐 활용되는 중요한 기술이다. 그러므로 사례관리자는 사례관리 실천과정 전반에 관한 기록을 보다 간결하면서도 정확하게 해야 한다. 기록할 때 유의해야 할 사항은 다음과 같다(이근홍, 2020).

- 사례관리자가 기록하는 목적을 가지고 초점을 유지해야 한다.
- 클라이언트와 관련된 기본적 사항들을 정확히 기록한다.
- 가능한 한 간결하면서도 분야별로 중요한 정보를 중심으로 체계적으로 서술해야 한다.
- 객관적인 시각에서 정확한 판단을 기반으로 기록해야 한다.
- 사례관리자는 명확한 사정이 이루어지지 않은 클라이언트의 상태를 기록해서는 안 되며, 전문적인 용어를 사용하되 단순하면서도 정확한 용어를 사용해야 한다.

2) 가계도

가계도(Genogram)란 3세대 이상에 걸친 가족 구성원에 관한 정보와 그들 간의 관계를 도표로 기록하는 작성방법이다. 가계도를 통해서 가족이 가지고 있는 문제점을 추적하고 강점과 해결을 찾아나가는 정보로 활용된다. 가계도는 사회복지실천에서 가장 널리 활용되는 사정의 도구로서 여러 가족 구성원 세대를 살펴봄으로써 개인 및 가족을 사정하는 데 유용한 사정도구이다.

(1) 가계도 작성법

- 초기 면접에서 작성되는 것으로 클라이언트 체계가 편안한 분위기에서 시작하며 사회복지사와 클라이언트 체계가 공동으로 작업한다.
- 가족구조를 우선 구성한다.
- 가족 구성원에 대한 정보(예 출생, 사망, 직업, 결혼 등)를 표기한다.
- 가족관계를 표현한다.

(2) 가계도를 통한 분석내용

- 가족구조에 대한 체계적 이해
- 가족 내에서 클라이언트의 위치
- 가족 사건에 대한 이해
- 가족의 상호작용 유형
- 문제의 발견

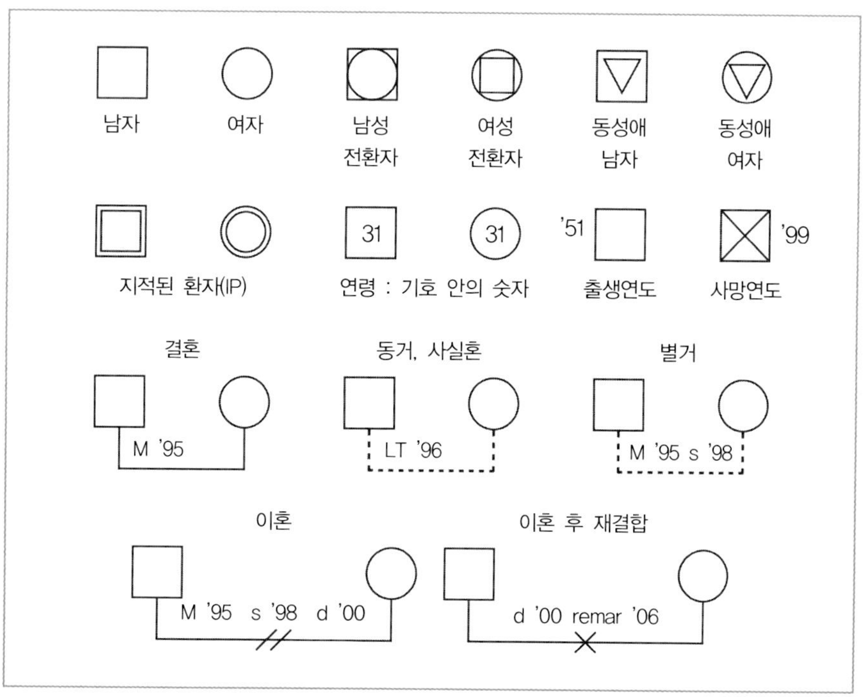

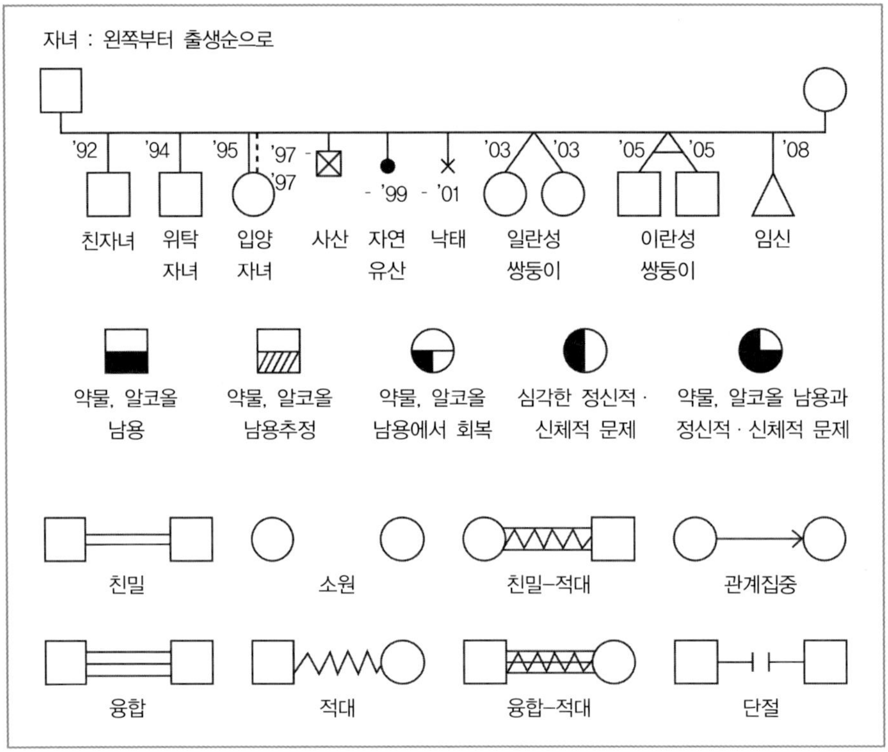

|그림 9-1| 가계도

3) 생태도

생태도(Eco-map)는 1975년 Ann Hartman에 의해 고안된 것으로서 체계적이고 생태학적인 관점에서 가족을 이해하는 데 도움이 된다. 생태도는 클라이언트 개인이나 가족이 외부 환경체계들과 어떻게 관련되어 있는지를 그림으로 나타내는 것으로서 사회복지사가 클라이언트와 환경과의 관계 또는 가족과 환경과의 관계에 대한 정보를 획득하도록 돕는 사정도구이다.

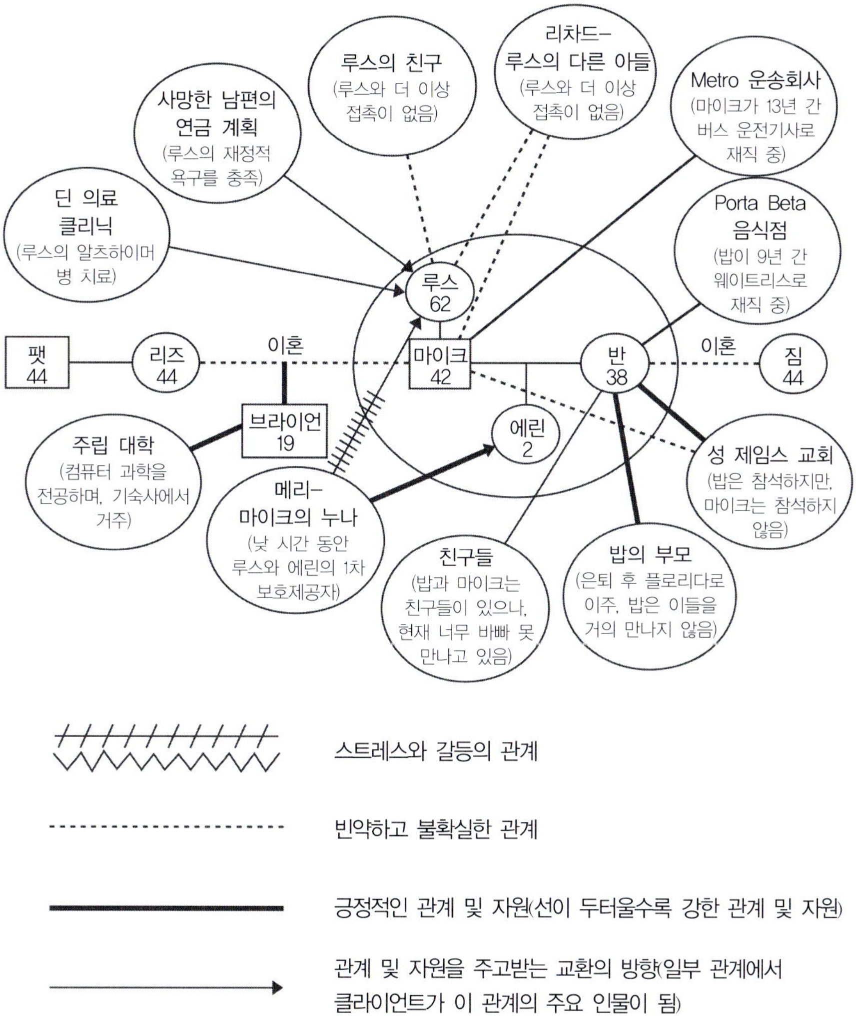

|그림 9–2| 생태도

출처 : 사회복지연구센터(2021). 사회복지실천론. 나눔의 집.

▌참고문헌▐

권진숙 외(2018). 사례관리론. 학지사.

노 혁(2014). 사회복지실천론. 학지사.

보건복지부(2016). 희망복지지원단 업무 안내.

사회복지교육연구센터(2021). 사회복지실천론. 나눔의집.

서보준 외(2021). 사회복지실천론. 양서원.

이근홍(2020). 사례관리론. 공동체.

정성배 외(2019). 사회복지 사례관리의 이론과 실제. 창지사.

최은정 외(2017). 사례관리론. 양서원.

한국사례관리학회(2021). 사례관리론. 학지사.

Bellow, J. R., & Mink, G.(1986). *Case Management in the Human Services*. Springfield, IL : Charles Thomas Publisher.

Hepworth & Dean H., & Larsen, Jo Ann(1993). *Direct Social Work Practice : Theory and Skill*(4th ed.). Pacific Grove, CA : Brooks/Cole publishing Company.

Moxley, D. P.(2004). 효과적인 복지서비스를 위한 케이스매니지먼트 실천론(김만두 편역). 서울 : 홍익재.

CHAPTER 10

사례관리의 서비스 계획 및 실행단계

제1절 서비스 계획 수립의 개념 및 주요 원칙

제2절 개입계획의 과정 및 서비스 계획표 작성

제3절 실행단계의 목적과 주요 과업

제4절 실행단계의 주요 기술

제5절 점 검

CHAPTER 10

사례관리의 서비스 계획 및 실행단계

제1절 서비스 계획 수립의 개념 및 주요 원칙

1. 서비스 계획 수립의 개념

서비스 계획 수립은 사정을 통해 작성된 욕구 목록을 실행으로 옮기기 위한 전략을 설정하는 단계이다. 즉, 계획 수립은 사정을 통해 밝혀진 내용에 기반을 두고 달성하고자 하는 목적 및 변화목표를 분명히 하며 필요한 서비스를 구성해 가는 논리적인 과정이다(한국사례관리학회 편, 2012). 그러므로 사정과 서비스 계획의 차이점은 사정이 해결할 문제와 개입의 목표를 확인하는 데 초점을 둔다면, 서비스 계획은 클라이언트의 욕구를 해결할 수 있는 적합한 자원을 실질적으로 선택하는 데 초점이 있다(Challis & Davies, 1989). 따라서 계획단계에서는 개입할 문제의 우선순위를 결정하고 변화 목표를 수립하며, 목표 달성을 위한 개입과정을 구체적으로 수립해야 한다.

2. 계획 수립의 주요 원칙

① 목표를 수립함에 있어 클라이언트의 자기결정권을 존중해야 한다. 사례관리자가 정보를 제공하거나 방안을 제안할 수는 있지만 그 정보와 방법이 클라이언트에게 충분히 동의가 되어 스스로 결정할 수 있도록 해야 한다. 클라이언트

의 욕구와 강점, 자기결정권을 바탕으로 수립한 목표는 클라이언트의 주도적인 참여와 변화를 이끌어 낼 수 있다.

② 목표는 클라이언트의 자립역량 향상에 주요한 초점을 두어야 한다.

③ 목표는 사례관리의 목표인 욕구 충족과 사회적 기능 회복으로 삶의 질 향상을 궁극적으로 추구해야 한다. 또한 생태체계적 관점에 의해 클라이언트가 주어진 환경에서 함께 살아가는 것을 염두에 두고 수립해야 하며, 환경과의 상호작용 능력을 향상시켜 스스로 환경을 구축·활용하는 것을 목표로 한다.

④ 클라이언트의 강점을 활용하여 달성할 수 있는 목표를 수립한다. 클라이언트가 하고 있는 활동을 강화하거나, 할 수 있는 것들을 중심으로 수립하면 좋다. 그러면 클라이언트의 성취감을 높이기 용이한 장점이 있다.

⑤ 장기목표와 단기목표로 구분한다. 클라이언트가 3~5년 이내에 변화하기를 원하는 클라이언트의 삶의 조건, 상태, 상황을 장기목표로 하고, 사례관리 계약기간 동안 달성할 수 있는 목표를 단기목표로 정한다.

⑥ 단기목표는 클라이언트의 기술, 지식, 능력 향상과 같은 것으로 구체적이고 실현 가능하며 측정 가능한 목표이어야 한다. 또한 클라이언트가 목표 달성을 통해 성공의 경험을 확대할 수 있어야 한다.

⑦ 장기목표는 단기목표와 구체적 연관성을 가지고 있어야 한다. 다시 말하면, 사례관리자와 클라이언트가 사례관리를 진행함에 있어 장기목표를 인식하고 있는 것이 필요하다.

⑧ 목표 수립은 새로운 욕구가 발견되는 경우 지속적으로 수정·보완될 수 있다(최선희·정재연, 2020).

제2절 개입계획의 과정 및 서비스 계획표 작성

사례관리 개입계획의 과정은 첫째, 성과목표를 설정하여 클라이언트의 목표를 공식화한다. 둘째, 클라이언트의 욕구 우선순위를 정한다. 셋째, 합의된 목표(장기목표와 단기목표)를 만든다. 넷째, 클라이언트와 계약을 함으로써 사례관리 개입계획의 과정이 이루어진다(그림 10-1 참조). 따라서 사례관리 개입계획의 과정을 4단계로 구분하여 살펴보면 다음과 같다(남미애, 2018; 정성배 외, 2019; 이준우 · 최희철, 2016).

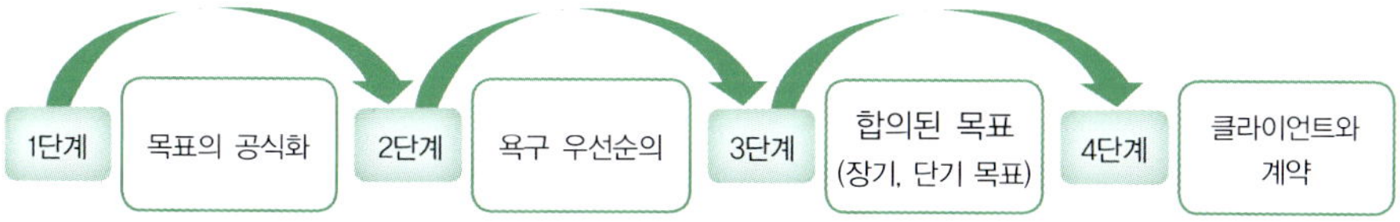

|그림 10-1| 사례관리 개입계획의 과정

1. 성과목표 설정(목표의 공식화)

계획의 과정 첫 단계는 사정 단계에서 확인된 클라이언트와 관련된 내용을 바탕으로 결과목표와 세부목퓨를 공식하한다. 목표를 공시화하기 위해 고려헤야 할 시항으로는 개별적인 사례의 목표 또는 초점의 진술, 욕구충족과 문제해결의 방안과 대안의 명료화, 클라이언트와 서비스 계획의 협의, 클라이언트와 사례관리자 및 비공식 지원체계가 수행해야 할 과업의 명확화 등이 있다(Steinberg & Catter, 1983). 따라서 목표는 사례관리 서비스가 종결되었을 때 클라이언트에게 기대되는 결과에 대한 진술이기 때문에 분명한 목표의 수립은 사례관리 과정에서 매우 중요하다(Frankel & Gelman, 2004).

또한 Ballow와 Mink(1996)에 의하면 사례관리의 목적을 달성하기 위하여 사례관리자는 네 가지 방법을 사용할 수 있다고 하였는데 구체적인 내용을 살펴보면 다음과 같다.

① 직접적인 서비스 제공

사례관리자가 서비스 이용자의 변화를 위해서 직접 즉각적으로 행동하는 것을 말한다. 이용자가 위기를 극복하도록 직접적인 상담을 제공하는 방법을 예로 들 수 있다.

② 자원연결

서비스 이용자에게 필요한 자원을 연결하여 그들이 이용자의 욕구를 충족시킬 수 있도록 하는 방법이다. 예를 들면, 의료비를 지원해 줄 기관을 찾아 연계해 주는 것이다.

③ 서비스 이용자의 능력 개발

서비스 이용자의 욕구나 문제를 해결하기 위해서 이용자가 가지고 있는 능력을 개발시킬 수 있도록 하는 방법이다. 즉, 이용자가 직접 훈련 프로그램에 참여하거나 직업을 가질 수 있도록 하는 것이다.

④ 서비스 이용자의 자원활용 능력개발

서비스 이용자의 욕구나 문제를 해결하기 위해서 자원을 활용할 수 있는 능력을 개발할 수 있도록 사례관리자가 코치로서의 역할을 하며 이용자에게 학습시키는 것으로 이용자의 욕구나 문제상황에 따라서 네 가지 방법을 적절히 사용할 수 있다. 성과목표는 단기 및 장기 성과목표로 나누어 수립할 수 있다. 단기목표는 개입을 시작한 후 3개월 이내에 달성 가능한 목표로서 성취하기 쉬운 것으로 수립한다. 장기목표는 단기목표의 달성을 통하거나 혹은 단기목표와 무관하게 3~6개월 혹은 그 이상 기간 동안의 개입을 통해 변화를 가져올 수 있는 것으로 수립한다.

2. 욕구 우선순위 설정하기

결과목표를 바탕으로 설정한 구체적인 세부 목표가 설정되면 욕구와 문제의 긴급성 등을 고려하여 해결 가능한 것을 중심으로 우선순위를 결정한다. 세부 목표에 대한 우선순위를 결정할 때는 서비스를 제공할 수 있는 편이성과 용이성에 따라 우선순위를 결정하는 것이 아니라 클라이언트의 욕구나 문제의 긴급성과 심각성에 따라 결정해야 한다. 이것은 서비스 계획을 체계적으로 수립하는 데 결정적인 도움이 되며, 결과목표를 효율적으로 달성하는 데 크게 기여할 수 있다.

우선순위를 결정하는 과정을 살펴보면 다음과 같다.

① 서비스 이용자는 자신의 욕구나 문제 혹은 변화하고 싶은 것을 목록으로 작성한다.

② 사례관리자는 사정내용을 근거로 전문가로서 판단하기에 이용자의 욕구나 문제 중 개입 우선순위가 높은 것으로 판단되는 항목을 2~3가지 작성한다.

③ 서비스 이용자와 사례관리자가 각자 선택한 우선순위를 함께 논의하면서 욕구나 문제를 재검토하고 상호관련성을 분명히 하기 위해 논리적으로 분류하거나 조합을 만들도록 한다.

④ 이때 사례관리자가 우선순위에 포함하도록 어떤 사항을 추천하는 경우에는 그것을 포함해야 하는 이유를 설명한다. 그리고 합법적인 권위나 해당 분야의 전문성을 가진 기관(아동보호전문기관, 법원 정신건강증진센터) 등이 의뢰한 문제들은 포함해야 한다.

⑤ 서비스 이용자는 사례관리자와 논의한 목록을 검토해서 우선순위가 높은 순으로 2~3가지를 선정하도록 한다. 너무 많은 과제를 선정하는 것은 오히려 실천의 효과성을 떨어뜨릴 수 있으므로 쉽게 성취할 수 있는 과제들을 선정해서 실행하여 성공을 경험한 후 점검과 평가과정을 거쳐 다음 계획을 수립하도록 한다.

따라서 우선순위를 검토할 때 참고하면 좋은 기준들을 살펴보면 다음과 같다.

- 서비스 이용자의 상황에서 가장 부담이 되는 문제, 즉 근심과 걱정의 원인이 되는 중요한 문제는 무엇인가?
- 만약 역점을 두거나 고치지 않는다면 이용자에게 가장 부정적인 결과를 가져올 수 있는 문제는 무엇인가?
- 만약 역점을 두거나 고친다면 이용자에게 가장 긍정적인 결과를 가져올 수 있는 문제는 무엇인가?
- 서비스 이용자가 가장 많은 관심을 가지는 문제는 무엇인가? 즉, 이용자가 가장 크게 동기부여받고 있는 것은 무엇인가?
- 어느 정도의 시간과 에너지, 다른 자원을 투여했을 때, 역점을 두거나 고칠 수 있는 것은 무엇인가?

• 상대적으로 변화될 수 없거나 과도하게 많은 시간과 에너지, 자원을 필요로 하는 것은 무엇인가?

3. 합의된 목표(단기, 장기) 설정하기

합의된 목표는 제시된 욕구 해결을 위해 사례관리자와 클라이언트가 늦어도 2~3개월 이내 달성할 수 있다고 서로 동의한 세부 목표를 뜻한다. 이는 한 번 정해지면 끝나는 것이 아니라 제시된 욕구가 해결되기까지 여러 단계별로 나눠서 수차례 설정될 수 있다. 통상 3개월 이내 재사정을 통해 다음 합의된 목표를 또 설정할 수 있다. 예를 들면, 자기주장에 어려움을 갖고 있는 클라이언트의 경우 자기주장 향상을 위한 교육 참석(월 2회), 어려운 부탁 거절하기 연습(주 2회), 하루에 한 번씩 타인에게 요청하기, 한 주간 자기표현일지 적기 등 단계별로 목표를 세울 수 있다.

1) SMARTS 목적, 목표와 과업

• **구체적인**(Specific) : 목적, 목표, 과업은 클라이언트가 달성하고자 원하는 것을 구체시하는가?
• **측정 가능한**(Measurable) : 목적, 목표, 과업이 달성가능한지를 측정할 수 있는가?
• **달성 가능한**(Achievable) : 목적, 목표, 과업이 달성하고 획득 가능한가?
• **현실적인**(Realistic) : 목적, 목표, 과업은 그들이 가진 자원 및 현실적 상황 안에서 달성할 수 있는가?
• **구체적인 시간 제시**(Time Framed) : 각각의 목적, 목표, 과업을 위한 구체적인 시간이 제시되는가?
• **강점토대**(Strength-based) : 목적, 목표, 과업을 달성하기 위해 클라이언트의 강점이나 건강한 면을 충분히 활용하는가?

2) SMARTS 목표의 예

(1) 장기목표

- 6개월 내 K양이 생활할 거주지를 마련하고 기본적인 생활이 안정적으로 유지될 수 있도록 필요한 기초수급자 신청 및 서비스를 제공한다.
- K양은 6개월 이후 신체적 · 심리적 · 사회적으로 향상되고 생활의 만족도가 높아질 것이다.

(2) 단기목표와 활동

- K양이 ○○푸드 뱅크의 긴급 음식지원을 받을 수 있게 한다. 이를 위해 모레까지 K양과 함께 푸드 뱅크에 방문해 신청한다.
- K양과 함께 기초수급자 신청을 하기 위해 7월 4일까지 동사무소 사회복지사를 찾아 면담한다.
- K양은 7월에서 10월까지 3개월 동안 매주 2시간 ○○문화센터에서 실시하는 요가와 기타 수업에 참석하기로 동의하였다. 사례관리자는 매주 전화를 통해 참석 여부를 점검한다.
- 7월 첫째 주까지 보건소에서 기본적인 건강검진을 한다.
- 8월 이내로 정신보건센터에서 상담이 이루어질 수 있도록 사례관리자가 신청을 한다.
- 사례관리자는 다음 면접일인 8월 1일까지 K양에게 폭력피해 및 아르바이트 가게의 임금체불과 관련된 법률 정보를 제공한다. 이를 위해 5월 내로 법률 상담소와 연락해서 자문을 요청한다.

4. 클라이언트와 계약

계약은 어떠한 일을 행할 것이라는 데 동의하고 그것을 문서화하는 것이다. 서면으로 이루어지는 계약은 시간이 다소 소요되더라도 사례관리자와 이용자 간의 합의한 역할을 명확히 하고 개입기간 동안 기억할 수 있도록 돕는다. 또한 사례관리자는 클라이언트와 함께 설정한 목표에 대해 설명하고 그것이 사례관리자의 일방적인 결정이 아니라 클라이언트가 참여한 공동의 결과라는 점과 그것을 이행해 나갈 것에 동의를 받는다(권진숙, 2004).

따라서 계약에 포함되어야 할 사항에 대해 살펴보면 다음과 같다.

① 개입의 목적이나 목표, 제공된 서비스의 바람직한 결과(성과목표)
② 성과목표를 달성하기 위해 서비스 이용자가 수행한 행동(행동)
③ 사례관리자가 수행할 활동
④ 서비스 제공기관, 서비스 내용, 서비스 기관과 제공자
⑤ 개입 전체 기간(사례관리 진행 기간)
⑥ 사례관리에 참여할 것으로 예상되는 기관이나 사람

이상의 내용을 토대로 사례관리자는 잘 합의되고 만들어진 계획이라도 개입을 하면서 수정이 필요할 수도 있다는 것을 인식하여 필요한 상황에 따라 계약의 재검토에 개방적이어야 한다.

5. 서비스 계획표 작성

서비스 계획표 작성에는 장기목표, 욕구영역 및 욕구내용, 단기목표(서비스 목표), 서비스명, 서비스 제공기관 및 담당자, 서비스 횟수, 사례관리 동의서 등의 일곱 가지로 나누어 볼 수 있는데 구체적인 내용을 살펴보면 다음과 같다(김성경, 2019).

1) 장기목표

단기목표 달성을 통해 혹은 단기목표와 무관하게 6개월 이상의 개입노력을 통해 변화를 가져올 수 있는 영역, 행동이나 태도의 변화를 도모하기 위한 목표로 설정한다.

2) 욕구영역 및 욕구내용

욕구영역 및 욕구내용의 우선순위는 다음과 같은 기준에 의거해 클라이언트와 합

의하여 설정한다.

① 클라이언트의 주요 욕구 중 단기간 내에 충족 가능한 것

② 클라이언트가 가장 중요하다고 인식하거나 클라이언트의 삶에 당장 위험을 끼칠 가능성이 있는 긴급한 것

③ 작은 것, 달성하기 쉬운 것으로 구체적이며 명확하고 행동적인 것, 클라이언트의 생활에서 현실적이고 성취 가능한 것

④ 서비스가 미뤄질 경우 다른 욕구영역에까지 새로운 문제 유발 혹은 욕구 발생 가능성이 큰 것

3) 단기목표(서비스 목표)

사례관리 시작 이후 적어도 3~6개월에 달성 가능한, 성취의 수월성에 대한 고려뿐만 아니라 장기목표를 달성하기 위한 과정적 목표를 고려하여 수립한다. 단기목표는 궁극적인 행동변화에 영향을 미치는 생활조건의 변화를 목표로 할 때 더욱 적절하다.

4) 서비스명

단기목표에 따라 제공되어야 할 서비스 자원 및 시설의 구체적인 내용을 기록한다.

5) 서비스 제공기관 및 담당자

실제로 서비스 제공의 일차 책임을 수행하는 기관의 담당자명을 파악, 기록하여 주기적인 모니터링을 가능하도록 한다.

6) 서비스 횟수

서비스를 통해 기대되는 성과를 도출하기 위해 어느 정도 서비스가 제공될 필요가 있는지 그 투입량에 대한 계획을 의미한다.

7) 사례관리 동의서

사례관리자는 서비스 계획 후 클라이언트(보호자)에게 향후 사례관리 서비스를 설명하고 동의서를 작성한다. 이때 사례관리자는 클라이언트가 직접 서명하도록 안내하고 사례관리 서비스 계획표(표 10-1)는 기관과 클라이언트가 각각 1부씩 보관한다.

〈표 10-1〉 사례관리 서비스 계획표 양식

<table>
<tr><td>사례번호</td><td colspan="2"></td><td colspan="2"></td><td colspan="2">클라이언트</td><td colspan="2"></td></tr>
<tr><td>사례관리자</td><td colspan="2"></td><td colspan="2"></td><td colspan="2">작성일</td><td colspan="2">년 월 일</td></tr>
<tr><td>장기목표</td><td colspan="2"></td><td colspan="6"></td></tr>
<tr><td colspan="9">서비스 계획</td></tr>
<tr><td>순위</td><td>욕구
영역</td><td>욕구
내용</td><td>단기
목표</td><td>서비스
명</td><td>제공
기관</td><td>담당자</td><td>횟수
(주/월)</td><td>개입
기간</td></tr>
<tr><td>1</td><td></td><td></td><td></td><td></td><td></td><td></td><td></td><td></td></tr>
<tr><td>2</td><td></td><td></td><td></td><td></td><td></td><td></td><td></td><td></td></tr>
<tr><td>3</td><td></td><td></td><td></td><td></td><td></td><td></td><td></td><td></td></tr>
<tr><td>4</td><td></td><td></td><td></td><td></td><td></td><td></td><td></td><td></td></tr>
<tr><td>5</td><td></td><td></td><td></td><td></td><td></td><td></td><td></td><td></td></tr>
<tr><td colspan="9">사례관리 동의서</td></tr>
<tr><td colspan="5">- 귀하와 합의된 내용 이외 목적으로 개인정보가 누출되지 않도록 하겠습니다.
- 모든 사례관리 내용은 귀하와의 합의하에 진행하도록 하겠습니다.
- 본 기관은 최선의 사회복지 욕구를 해결하기 위해 최선의 사례관리 서비스를 제공하도록 노력하겠습니다.
사례관리자 ____________(인)</td><td colspan="4">- 본인은 사례관리 서비스의 계획 및 진행 내용에 대한 설명을 충분히 듣고 이해했습니다.
- 본인은 계획된 목표를 성취하기 위해 적극적으로 참여하고 협력하겠습니다.
- 본 동의서 작성일로부터 귀 기관의 사례관리 서비스를 제공받는 것에 동의합니다.
성명____________(인)
보호자 ____________(인)</td></tr>
<tr><td colspan="9">20 년 월 일
____________(기관명)</td></tr>
</table>

출처 : 김성경(2019).

제3절 실행단계의 목적과 주요 과업

1. 실행단계의 목적

실행단계는 서비스 계획을 실제 행동화해서 처음 계획한 목표가 현실화될 수 있도록 하는 것이다. 이 단계는 계획단계에서 구상한 내용들이 실제 클라이언트에게 제대로 적절하게 제공될 수 있도록 다양한 기관과 협력하여 직접적 및 간접적 서비스를 행하는 것이다.

계획이 실제 실행되는 과정에서는 클라이언트의 상황이 변화하거나 서비스 제공기관의 변화 등 여러 가지 변수와 우여곡절이 생긴다. 사례관리자는 이러한 과정에서 직접 서비스를 제공할 수도 있고 서비스로의 접근성을 높이기 위해 새로운 자원을 발굴하기도 하고 옹호, 소성, 내변 등의 역할을 수행하면서 서비스 과정을 관리하고 유지한다.

일반적으로 실행단계는 대부분의 서비스에서 필수적으로 행해지는 단계이다. 그러나 사례관리에서는 클라이언트가 단지 제공된 서비스를 받는 수동적인 대상이 아니라 자신에게 맞는 서비스가 이루어지도록 적극적으로 참여하고 적절한 책임을 부담하도록 한다는 점에서 큰 차이가 있다.

2. 실행단계의 주요 과업

실행단계의 주요 과업으로는 직접실천(위기개입, 관계 형성 기술, 교육과 훈련, 상담과 치료, 클라이언트 권리와 사생활 보호기술, 정보제공)과 간접실천(연계, 옹호, 조정, 자원망 개발과 지원) 등의 두 가지로 구분되는데 구체적인 내용을 살펴보면 다음과 같다(김성경, 2019; 전혜성 외, 2020; 정성배 외, 2019).

1) 직접실천

(1) 위기개입

위기개입(crisis intervention)은 배우자의 사망, 사업 실패, 신체적 · 정신적 장애, 질병이나 상해, 가정폭력, 성폭력, 주거지의 상실, 원하지 않은 임신 등 갑작스러운 위기 상황으로 인해 클라이언트가 신체적 · 정신적 · 사회적 불균형 상태에 있을 경우 그들에게 즉각적이고 신속하게 개입하여 긴박한 위기로부터 효과적으로 대처할 수 있도록 원조하는 방법이다.

사례관리자는 사례관리 단계 중에 클라이언트에게 이러한 위기 상황이 언제든지 발생할 수 있다는 것을 인식하고 위기를 관리할 수 있는 방법을 통하여 적절히 대처해야 한다. 갑작스러운 위기 상황은 클라이언트를 더욱 무기력하게 하고 심한 스트레스로 고통을 느끼게 하며, 우울, 분노, 좌절감, 외로움, 자살 생각 등을 더욱 강하게 느끼게 하고, 그들의 일상적인 문제해결 방식을 압도한다. 이러한 위기에서 사례관리자는 위기를 촉발시킨 사건을 확인하고, 클라이언트에게 문제를 정확히 인식시켜주며, 그 문제가 가져올 충격을 깨닫게 하며, 유사한 경험에 직면하였을 때 효과적으로 행동할 수 있도록 학습시키고, 새로운 대처방법을 수행할 수 있도록 클라이언트를 원조한다(장인협 · 우국희, 2007).

(2) 관계 형성 기술

사례관리는 일반적인 대인관계와 다른 전문적 목적과 특수한 역할관계를 수반한다. 즉, 전문가가 주로 클라이언트에게 이익을 제공하거나 보호 및 서비스와 연결시키고 관리하는 비상호적인 전문적 관계이다. 사례관리자와 클라이언트와의 전문적 관계는 진실하여야 하며, 특정한 목표를 완수하는 데 목적을 두면서 사례관리자의 개인적인 감정이 섞이지 않은 객관성과 자아인식을 기초로 형성한다.

또한 사례관리자와 클라이언트 관계는 친구, 친척, 동료관계와는 다르게 사례관리자가 항상 클라이언트보다 권위적인 위치에 있다. 효율적이고 전문적인 실천은 이러한 권위를 인식하고 가능한 한 상호 협동적인 관계를 수립해야 하며, 사례관리자는 자신의 권력과 권위를 남용하지 않도록 해야 한다. 사례관리 실행 과정에서 클라이언트와 가족이 필요할 때 언제나 믿고 도움을 요청할 수 있도록 신뢰를 형성하는 것이 사례관리의 핵심이다(Onyett, 1998).

(3) 교육과 훈련

사례관리자가 모델링, 코칭, 역할 바꾸기, 강화물 활용, 집단 교육, 실습 등 다양하고 창의적인 방법을 생각하여 사례관리 대상자에게 목표달성을 위한 직접적인 교육이나 훈련을 제공할 수 있다.

사례관리자는 클라이언트에게 교육 및 훈련을 제공할 때 유의해야 할 점이 있는데 구체적인 내용을 살펴보면 다음과 같다.

① 사례관리자는 클라이언트 스스로 교육내용과 목표를 명확히 인지하도록 한 후 교육을 실시하여야 한다.

② 사례관리자는 클라이언트가 교육받은 내용을 실행할 수 있도록, 행동순서를 구체화하여 교육하고 반복 경험을 제공하여야 한다.

③ 사례관리자는 클라이언트가 반복적으로 행동을 연습할 수 있도록 안전한 환경을 제공하고 실패에 대한 염려를 제거해 주며, 적절한 보상을 제공한다. 이때 강화물은 칭찬과 같은 사회적 강화가 적절하다.

④ 획득한 기술을 실제 삶에 적용할 수 있도록 기회를 제공한다. 사례관리자는 클라이언트의 성공을 격려하고, 실제 적용의 어려움은 보완해야 한다.

이상의 내용을 바탕으로 일상생활 기술 수행 자기평가(표 10-2)의 설문지를 클라이언트가 체크해 보고 자기평가 점수가 낮은 항목에 대해 사례관리자와 함께 연습해 보도록 한다. 또한 가정폭력 피해자를 위한 안전 계획 교육(표 10-3)의 설문지의 빈칸의 내용에 기재해 보고 스스로 부족한 부분을 평가하고 안전 계획을 세울 수 있도록 한다.

〈표 10-2〉 일상생활 기술 수행 자기평가

영 역	활동/ 기술	활동 수행 평가			
		매우 부족	부족	잘함	매우 잘함
일상생활	나는 내 의복을 세탁하고 관리한다.				
	나는 매일 개인위생(세수, 양치질, 샤워 등)을 철저히 한다.				
	나는 식사준비(장보기, 요리, 상 차리기)를 혼자서 할 수 있다.				
	나는 쓰레기를 분리 배출한다.				
	나는 정기적으로 실내청소, 침구정리를 한다.				
2. 소비/ 지출	나는 내가 가진 돈의 한도 내에서 필요한 물건을 합리적으로 구입한다.				
	나는 쇼핑 시 물품의 목록, 구입가격, 구입방법에 대한 계획을 세운다.				
3. 주거	나는 내가 거주할 집을 인터넷을 통해 또는 직접 알아볼 수 있다.				
	나는 부동산계약서의 내용을 이해한다.				
4. 공공기관 이용	나는 주민센터에 가서 필요한 일을 처리할 수 있다.				
	나는 은행에 가서 또는 인터넷뱅킹을 이용하여 입금, 출금을 할 수 있다.				
5. 여가	나는 여가시간에 내가 원하는 여가활동을 한다.				
6. 이동	나는 대중교통을 이용해 내가 원하는 곳에 갈 수 있다.				

〈표 10-3〉 가정폭력 피해자를 위한 안전 계획 교육

1. 폭력이 발생할 때의 안전

① 내가 떠나기로 결정하면 나는 ______________________ 할 것이다.

② 어떻게 안전하게 나갈 수 있는지 연습한다. 어느 문, 창문, 엘리베이터, 계단 또는 비상구로 나갈 것인가? ______________________

③ 빨리 떠날 수 있도록 나는 내 지갑/ 돈/ 신분증/ 차 열쇠 등을 __________ 에 놓을 것이다.

④ 나는 믿을 만한 이 두 사람 ______ , ______ 에게 폭력에 대해 말하고 우리 집에서 이상한 소리가 나거나 내가 며칠 동안 안 보이면 경찰을 부르도록 부탁해 놓을 것이다.

⑤ 나는 아이들이 경찰을 부를 수 있고, 주소나 약도를 가르쳐 줄 수 있도록 교육시킬 것이다.

⑥ 나는 ________ 를 나의 암호로 지정하여 나의 아이들이나 친구들에게 알려 위험할 때 도움을 구할 수 있도록 할 것이다.

⑦ 만약 떠나야 할 일이 벌어지면 나는 ________ 로 갈 것이다.
만약 내가 거기에 갈 수 없다면 나는 ________ 로 갈 것이다.

⑧ 나는 아이들에게 (몇 가지) ________ 전략을 가르칠 수 있다.

⑨ 나는 배우자와 싸움이 벌어지면, 안전한 곳 ________ 으로 가려고 시도할 것이다.

⑩ 만약 사태가 매우 심각하면 나는 내 배우자를 안정시키기 위해 그가 원하는 것을 줄 것이다. 위험을 피할 때까지 나는 나와 내 아이들을 보호해야 한다.

2. 떠나려고 준비할 때

① 나는 돈과 여분의 열쇠를 ________ 에 놓아두어 내가 빨리 떠날 수 있도록 한다.

② 나는 중요한 문서들의 사본을 ________ 에 놓아둘 것이다.

③ 나는 (언제) ________ 까지 통장을 준비해 독립할 수 있도록 준비하겠다.

④ 내가 독립할 수 있도록 나는 ________ 것들을 준비해 두겠다.

⑤ 나는 ________ 와 ________ 에게 연락하여 일시적으로 지낼 수 있도록 하고 긴급 경제적 지원을 받을 수 있도록 하겠다.

⑥ 나는 여분의 옷을 ________ 에게 맡겨 두겠다.

⑦ 나는 나의 안전 계획을 연습하고 만약 적절하면 아이들과도 연습을 하겠다.

출처 : 백연옥(2000). 가정폭력 피해자를 위한 사례관리 매뉴얼. 보건복지부.

(4) 상담과 치료

사례관리자가 실행 과정에서 수행하는 상담은 동기강화를 위한 상담, 자원 접근에 대한 장애물 대처를 위한 상담 등이다. 대상자가 목표 달성을 위해 실행 계획을 수행하는 데 장애가 되는 요인을 발견하고 해결하기 위해 대상자의 동기를 높이고 내부 장애물에 대한 상담과 치료, 문제해결을 위한 대상자의 실행 정도를 점검하는 내용들이 포함된다.

(5) 클라이언트 권리와 사생활 보호기술

사례관리자와 클라이언트 간 전문적인 관계에서 권력은 매우 중요하다. 우리 사회는 사례관리자에게 클라이언트의 삶에 대한 중요한 책임을 부여하였고, 그 책임은 클라이언트의 주거, 경제, 고용, 사회생활, 취미 등과 같은 중요한 영역에 영향을 미치며, 때로는 신체적 치료영역까지 관여한다. 사례관리자는 자신의 권위를 남용하여 클라이언트의 기본적인 존엄성과 사생활을 침해할 수 있으므로 실무를 점검할 수 있는 공신력 있는 사회복지기관에서 수행하는 것이 중요하다.

클라이언트 권리 보장과 관련하여 사례관리자는 사례관리의 목적이 클라이언트 의지와 부합되지 않을 때도 있다는 사실을 정직하게 알리고, 만약 사례관리를 거절한다면 그 의사도 존중해 주어야 한다. 필요한 경우 적절한 서비스 기관과 연결해 줄 수 있으나 연계와 조정의 기능 수행 시 특별히 클라이언트의 권리 존중과 사생활 보호에 주의해야 한다(Onyett, 1998).

(6) 정보제공

사례관리자가 클라이언트에게 이용 가능한 정보의 구조를 파악하여 제공하는 활동이다. 정보처리를 통한 자료 제작과 출판, 카드, 책자, 파일, 브로슈어, 리플릿 제작, 자료의 업그레이드, 워크숍, 설명회 개최 등 다양한 방법이 사용된다. 이러한 정보는 다양한 경로의 정보 수집 단계와 정보를 클라이언트의 욕구 수준에 따라 분류하고 재조직화하는 정보처리 단계를 거쳐 클라이언트에게 제공되고 있다.

이때 정보를 제공받는 클라이언트의 수준에서 이해가 가능하고 활용할 수 있도록 언어를 선택하고 편집해야 한다. 정보의 기초는 이용 가능한 서비스 목록, 서비스를 제공받을 수 있는 절차나 자격 등 전문화된 지식을 포함하여야 한다. 이러한 정보는 이용자가 서비스 품질 및 내용을 쉽게 알 수 있도록 하는 피드백 공간(서비스 이용 후기 등)을 온라인상에 마련하는 것도 좋은 방법이다.

2) 간접실천

(1) 연계(linking services)

연계란 클라이언트 지원 계획에 정해진 서비스를 전달할 최선의 기관이나 자원을 선택하는 데 사례관리자가 관여하는 것을 의미한다. 사례관리자는 클라이언트의 욕구에 부응하는 자원을 사정하여 자료화하거나 자원망을 조직하고 이를 활용하여 클라이언트로 하여금 최선의 선택을 할 수 있도록 도와야 한다. 연계를 위해 사례관리자는 다음과 같은 과정을 수행한다.

① 자료 분석과 정리

클라이언트가 최선의 선택을 할 수 있도록 돕기 위해 사례관리자는 다양하고 적절한 정보를 가지고 있어야 한다. 최선 자원정보 리스트에는 무슨 서비스가 있는가, 어떻게 접근하는가, 대기자는 얼마나 있는가 등이 포함된다. 사례관리자는 지역사회 기관 리스트, 각 협회가 제공하는 전화번호부, 홈페이지 정보, 전문가의 자문, 지역사회 회의나 모임 등을 활용하여 정보를 얻을 수 있다. 효과적 연계를 위해 사례관리자가 가지고 있으면 좋을 정보들은 다음과 같다.

- 서비스 이용 자격기준 등 서비스 이용성, 접근성에 관한 정보
- 클라이언트 욕구 해결을 위한 서비스 제공자의 역량 정보
- 홈페이지 등을 통한 기관의 주요 서비스에 대한 정보

② 자원목록에서 선택하도록 돕기

클라이언트의 욕구에 근거하여 다양한 대안과 그에 대한 장단점을 비교하여 제시함으로써 클라이언트가 선택하도록 한다. 이때 사례관리자가 소속 기관 서비스 위

주로 자원을 소개하는 등 수집된 정보가 제한적이어서 최적의 서비스를 연계할 수 없는 경우가 생기지 않도록 유의한다.

③ 연계할 기관에 대한 조직화

단순히 전화번호를 알려주거나 안내지를 제공하는 소극적 정보 안내가 아니라 연계기관과의 연계활동에 대한 사전 협의와 연계절차를 구조화하여 서비스가 클라이언트에게 잘 제공되도록 한다. 또한 연계 이후 클라이언트가 서비스에 접근하는 데 어려움이 없는지 미리 알아보고 이에 대한 준비도 함께 제공되어야 한다.

(2) 옹호(advocacy)

옹호란 결정자보다 힘이 약한 클라이언트의 입장을 대신 말하여 기관의 서비스 제공 의지를 높여 주고, 자원의 접근성과 활용성을 증진시키는 사례관리자의 활동을 의미한다. 이때 사례관리자의 과업은 클라이언트의 욕구에 부응하지 않으려는 자원들의 경향을 조정한다. 사례관리에 있어서 옹호 활동은 대부분 클라이언트 개인의 옹호 활동이 대부분이지만 사안에 따라서는 개인 수준의 클라이언트 옹호보다는 계층 옹호와 같이 지역사회나 기관, 정책을 대상으로 옹호 활동을 전개하기도 한다.

또한 사례관리자가 옹호자의 역할을 수행해야 하는 상황은 살펴보면 다음과 같다(Rothman & Sager, 1998, 설진화, 2011 재인용).

① 기관이나 기관의 직원이 수급자격이 있는 정당한 클라이언트에게 서비스 제공을 거부하는 경우
② 서비스 제공방식이 클라이언트의 인격을 침해하는 경우
③ 클라이언트가 성, 연령, 종교 등의 요인으로 차별대우를 받고 있는 경우
④ 제공되고 있는 서비스가 클라이언트의 욕구를 충족시키기에 부적합하여 클라이언트의 고통과 역기능의 원인이 되고 있는 경우
⑤ 정부나 기관의 정책이 오히려 클라이언트에게 부정적인 영향을 미치는 경우
⑥ 클라이언트가 자신을 옹호하는 데 익숙하지 못하고 비효과적인 경우
⑦ 클라이언트가 사정의 내용이나 결과 등에 대해서 아무것도 알고 있지 못하고

있는 경우

⑧ 클라이언트의 문화적 규범에 위반되는 서비스가 제공되고 있는 경우

⑨ 클라이언트가 자신의 권리를 얻지 못하고 있거나, 그의 권리가 부정되거나 침해되는 경우

(3) 조정(coordination)

조정이란 사례관리자가 클라이언트를 위한 서비스가 중복될 때 또는 자원망 간에 갈등이 일어날 때 또는 자원망 간의 역할분담이 필요할 때 사례관리자가 각 기관의 역량에 적합한 역할분담을 하도록 관여하는 활동을 의미한다. 그러나 사례관리자가 입장에서 조정이란 사실상 쉬운 업무라고 할 수 없다. 서비스 기관 간의 상황이 다양하고 클라이언트의 욕구가 있기 때문에 쉽게 갈등이 일어난다.

조정 시 사례관리자는 다음과 같은 점에 유의하여야 한다.

① 자원 간의 조정 시 대상자의 욕구에 초점을 맞추어 논의한다.

서로의 입장을 내세우다 보면 조정활동이 어려워질 수 있다. 대상자에게 초점을 두어 해결방법을 토론하여야 한다.

② 조정의 이점을 공유한다.

조정활동을 통해 얻을 수 있는 이점을 함께 누릴 수 있도록 배려되어야 한다.

③ 사례관리자의 조정노력을 통한 결과를 공유한다.

사례관리의 조정내용을 사례관리자 및 대상자, 그리고 관계된 서비스 지원들이 알 수 있도록 조정결과를 공유한다.

④ 조정을 통한 시스템을 마련한다.

조정을 위한 시스템으로 지역 내 사회복지기관의 통합사례회의 또는 사례조정회의를 정기적으로 마련한다.

(4) 자원망 개발과 지원

자원망 개발과 지원은 앞서 살펴본 간접실천인 연계와 유사할 수 있으나, 보다 공식적 및 비공식적 자원을 개발하고 강화하는 데 초점을 두는 실천방법이다. 사례관리자는 사례관리 대상자의 욕구충족과 문제해결을 위해 공식적 자원망과 비공식 자원망을 개발하고, 자원망들을 잘 기능할 수 있도록 지원하는 역할을 하게 된다. 기존에 자원을 동원할 때 발생한 제약요인들, 특히 사례관리자에 대한 편견이나 선입견을 낮추기 위한 노력들이 포함된다. 또한 잠재적인 자원망을 개발하기 위해 시민단체, 종교단체, 비영리단체 등과 협력하거나 모금활동 등을 통해 자원을 발굴하여 지원할 수 있다(강흥구, 2016).

제4절 실행단계의 주요 기술

실행단계의 주요 기술은 정서적 지지, 직면, 재명명의 세 가지로 구분되는데 구체적인 내용을 살펴보면 다음과 같다(서보준 외, 2021; 이근홍, 2020).

1. 정서적 지지

정서적 지지는 클라이언트가 불안감, 공포감, 좌절감, 죄악감, 낙인감 등과 같은 심리적인 고통이나 스트레스가 있을 경우 그들이 잘 대처하고 극복할 수 있도록 격려, 경청, 안도감 등을 제공하는 것을 말한다. 정서적 지지는 대개 가족, 친구, 친척, 이웃, 동료 등 가까운 사람들로부터 제공받지만, 이러한 사람들로부터 정서적 지지를 받지 못하는 클라이언트는 정서적 지지를 전문적으로 제공할 수 있는 사람들에게서 받아야 한다.

사례관리의 모든 과정에서 클라이언트에게 정서적 지지를 제공하는 것이 필요하지만, 특히 클라이언트와 필요한 서비스 연결과 서비스의 이행에서 더욱 필요하다. 사례관리자는 클라이언트에게 물질적 지원과 더불어 정서적 지지를 제공해야 한다.

클라이언트가 새로운 서비스 제공자와의 만남과 서비스의 연결에 대해 두려움을 느낄 수 있으며, 서비스의 제공과 활용에서 심리사회적 문제로 인하여 이를 이행하지 못하는 경우가 있기 때문이다. 따라서 사례관리자는 클라이언트가 서비스를 적절히 제공받고 활용할 수 있도록 지지를 제공해야 한다.

2. 직 면

직면이란 클라이언트가 잘못하고 있거나 무엇인가 불일치하거나 모순점이 있을 때 클라이언트가 의식할 수 있고 살필 수 있는 것을 지적해 주며 그것이 내담자 자신의 문제와 어떻게 관련되는지를 생각해 보도록 하는 작업이다. 직면은 어떠한 형태로 나타나든 상대방의 언행에서의 불일치나 모순점 또는 잘못되었거나 개선해야 할 점들을 지적해 주는 것으로 맞닥뜨림이라고도 부른다. 이는 상대방에게 반응하고 영향을 미치는, 그래서 행동변화를 일으킬 수 있는 강력한 힘을 가진 기술 중의 하나이다. 그래서 상대방이 이 기술에 대해 잘 반응을 하고 호응을 해주면 대단히 효과적이지만 그렇지 못하고 오히려 반발을 보이거나 심한 경우에는 클라이언트에게 심리적인 위협과 상처를 줄 수도 있는 강력한 것이다. 따라서 직면기술을 사용하는 데 있어서는 클라이언트가 그것을 받아들일 준비가 되어있는지를 면밀히 고려해야 하며 충분한 신뢰관계가 형성되기 전까지는 이 방법을 가능한 한 피해야 할 것이다. 그렇지만 문제의 근원이 클라이언트에게 있거나 그 자신의 잘못에 있다면 그것을 그냥 이해하고 넘어가서는 문제해결이 어려우므로 이 경우에는 그것을 적절히 지적하여 변화를 할 수 있도록 도와줄 필요가 있다.

이와 같은 직면 기술을 효과적으로 활용하기 위해서는 다음과 같은 지침이 필요하다(Hepworth et al., 2010).

① 법규 위반 또는 클라이언트 자신이나 타인에게 절박한 위험이 초래될 경우 관계의 초기단계이더라도 직면을 활용한다. 직면이 관계의 발전에 방해가 되더라도 자신과 타인에게 해를 끼칠 위험이 원조관계의 효과보다 더 중요하기 때문이다.

② 가능하면 효과적인 원조관계가 성립되기까지 직면을 활용하지 않는다. 신뢰와

확신이 존재할 때 클라이언트는 직면을 더 잘 받아들일 수 있으며, 자신의 행동에 대해 깊이 생각할 수 있을 때 직면이 가능하다.

③ 직면의 활용을 줄인다. 시기적으로 부적절하고 과도한 직면은 클라이언트에게 심리적으로 손상을 입힐 수 있으며, 수동성과 의존성을 갖게 하여 클라이언트의 실질적인 성장에 도움을 주지 못한다.

④ 따뜻하고 다정하며 관심 있는 분위기에서 직면을 제시한다. 사례관리자가 냉정하고 비판적인 방식으로 직면을 활용한다면 클라이언트는 공격당하고 있다는 느낌을 받게 될 것이며, 진정으로 공감하는 관계 속에서 직면이 사용되면 그것을 더 친근하게 인식할 것이다.

⑤ 가능한 한 자주 자기 직면을 권장한다. 사례관리자가 주도하는 직면보다 클라이언트의 자기 직면이 더 효과적이다. 사례관리자는 클라이언트가 간과할 수 있는 문제, 행동, 모순 등에 주의를 환기시키고 자신의 상황을 더 잘 분석하도록 격려하는 방식으로 자기 직면을 활용한다.

⑥ 클라이언트가 극단적인 정서적 긴장을 경험할 때에는 직면을 활용하지 않는다. 직면은 불안을 일으키는 경향이 있기 때문에 클라이언트가 심하게 긴장하고 있을 때에는 직면보다는 지지적 기법이 필요하다. 직면은 최소한의 내적 갈등이나 불안을 경험하는 클라이언트에게 적절하다.

⑦ 감정이입적 반응이 직면을 뒤따라야 한다. 클라이언트는 아주 능숙한 직면에도 화를 낼 수 있기 때문에 그들의 반응에 민감해야 한다. 클라이언트가 언어적 반응으로 표현하지 않을 경우가 있으므로 사례관리자는 상처, 분노, 혼동, 불쾌, 당황, 분개 등과 같은 비언어적 반응에 주목해야 하며, 그들의 이러한 기분에 감정이입하여 반응해야 한다.

⑧ 다소 불안을 지닌 직면에 클라이언트가 반응할 것을 기대하라. 직면은 어려움을 이겨내는 데 일시적으로 필요한 불균형을 일으키는 데 활용된다. 불안과 불균형은 클라이언트에게 모순을 제거하는 건설적인 변화를 가져오게 하는 치료적 목적에 도움이 될 수 있다.

⑨ 직면 이후에 즉각적인 변화를 기대하지 마라. 변화의 방법을 인식하고 있더라도 클라이언트는 대개 즉각적으로 변화하지 않으므로 사례관리자는 클라이언

트가 직면을 받아들인 이후 점진적으로 변화한다는 사실을 인식해야 하며, 즉각적인 변화의 강요로 그들에게 심리적 손상을 입히지 말아야 한다.

3. 재명명

재명명은 다른 사람의 행동을 바라보는 클라이언트의 관점을 변화시키고 좀 더 긍정적인 시각을 가지도록 하기 위한 기법이다. 또한 재명명이란 어떠한 행동과 사건에 대해 클라이언트가 부여하는 의미를 새롭게 수정해 줌으로써 클라이언트가 상황을 좀 더 긍정적으로 볼 수 있도록 하는 것이다. 따라서 재명명 기법은 궁극적으로 대인관계에서 서로 간의 이해를 높이고 상호 긍정적인 느낌을 개발하는 것을 주요 목표로 활용될 수 있다. Sheator 등(1998)은 부부나 가족관계에서 어려움에 직면한 클라이언트에게 매우 효과적이라 하였다.

제5절 점 검

1. 점검의 의미

점검(모니터링)은 전 단계인 서비스 계획단계에서 계획된 서비스와 자원이 잘 전달되고 있는지를 확인하는 사례관리자의 중간 검토 활동이다. 사례관리자는 점검을 통하여 클라이언트와 서비스 제공자의 노력 및 적절성을 파악하고, 목표 달성에 영향을 미치는 장애요인을 발견하기도 하며, 새로운 욕구를 발견하여 재사정의 필요성을 제기하기도 한다. 점검에 대한 구체적인 내용을 살펴보면 다음과 같다(김성경, 2019).

1) 계획 이행도의 점검

클라이언트와 서비스 제공자 모두 계획대로 과업, 활동, 책임을 다하고 있으며, 노력하고 있는가를 파악하는 것으로 서비스 계획에 따라 적절히 서비스가 이행되고 있는지를 검토한다.

2) 목표 성취 점검

서비스 실행과정에서 단기목표가 성취되어 가고 있는가를 점검하는 것이다.

3) 새로운 욕구 발견

서비스 실행 과정 속에서 클라이언트의 새로운 욕구가 발견되거나 새로운 욕구에 대한 정보를 파악하는 것을 의미한다.

2. 점검의 영역 및 방법

점검의 영역에는 서비스 질에 대한 점검, 서비스 이용자에 대한 점검, 서비스 제공자에 대한 점검 등의 세 가지로 나누는데 구체적인 내용을 살펴보면 다음과 같다(이준우 · 최희철, 2016).

1) 서비스의 질에 대한 점검

서비스의 질은 구조, 과정, 결과 차원으로 구분하여 평가되는데 구체적인 내용은 다음과 같다.

- 구조는 사회복지사에게 할당된 케이스의 수, 사회복지사로서의 자격, 이용자의 변동률 등과 같은 행정체계를 검토하는 것이다.
- 과정은 사회복지사의 개입활동을 평가하는 것으로 한 달 동안의 가정방문 횟수, 사례 발견에서 개입까지 걸린 시간 등을 평가한다.
- 결과는 개입에 따른 이용자의 변화가 있는가, 변화는 예상된 변화인가, 이용자가 결과에 만족하는가 등을 평가하는 것이다.

2) 서비스 이용자에 대한 점검

서비스 이용자에 대한 점검은 다음과 같은 질문들을 통해 수행할 수 있는데 구체적으로 살펴보면 다음과 같다.

- 이용자는 목표달성을 위해 스스로 노력하고 있는가?
- 이용자에게 제공되는 서비스가 욕구충족의 변화에 기여하는가?
- 이용자의 새로운 욕구나 문제로 계획이 수정되어야 하는가?
- 이용자의 문제가 해결되어 개입이 종결되어야 하는가?

3) 서비스 제공자에 대한 점검

서비스 제공자의 노력, 계약, 계약이행 등을 점검할 필요가 있다. 그리고 서비스 제공자들의 노력이 서로 보완적인지, 모든 필요한 정보가 공유되고 있는지 여부도 평가되어야 한다. 서비스 제공자의 경우 사정과 계획을 수행한 한 명의 사례관리자가 계속 사례관리를 지속하는 것이 바람직하다. 왜냐하면 담당자가 바뀌는 경우 이용자에 대한 자세한 사정을 다시 시작해야 하기 때문에 시간이 지연될 수 있으며 책임의식도 떨어질 수 있기 때문이다.

3. 점검의 방법

1) 양적점검 방법

- 서비스의 이행 정도 및 클라이언트의 변화 정도를 척도를 통해 파악한다.
- 외부 서비스 담당자의 기록지, 결과지 등 양적자료와 실행결과를 기반으로 점검한다.

2) 질적점검 방법

- 사례관리자의 노력 : 클라이언트 관찰, 가정방문, 대면접촉, 전화 등을 통해 점검 내용을 파악한다.
- 서비스 이행도 : 사례관리자가 직접 서비스 및 간접 서비스에 대해 기관방문, 대면접촉, 전화 등을 통해 서비스 이행도를 파악한다.

〈표 10-4〉 점검 결과에 따른 조치사항

점검 결과	조치사항
• 클라이언트를 둘러싼 환경에 변화가 생겨 재검토가 필요한 경우 • 서비스가 진행되면서 새로운 욕구나 문제가 발생한 경우	욕구 재사정
• 서비스 양 또는 횟수, 종류에 대해 클라이언트가 불만을 가지는 경우 • 서비스 제공자의 여건변화로 서비스 제공이 어려운 경우	서비스 제공계획 재수립
• 클라이언트 상황이 호전되어 더 이상 사례관리가 필요하지 않은 경우 • 클라이언트의 연락두절, 이사 등으로 사례관리 진행이 어려운 경우 • 클라이언트가 1개월 이상 사례관리 서비스를 거부하는 경우	종결을 위한 사례관리 평가

출처 : 우국희(2016) 재인용.

〈표 10-5〉 사례관리 점검표

성 명		사례번호				
연 령		성 별				
점검 차수		점검일				
점검 문항		매우 동의	동의	보통	동의하지 않음	전혀 동의하지 않음
서비스 제공자	제공되고 있는 서비스의 양은 충분한가?					
	제공되는 서비스의 내용은 적절한가?					
	제공되는 서비스의 질은 양호한가?					
	서비스의 제공 방법은 적절한가?					
	제공되는 팀 간의 협력은 적절한가?					
	사례관리자의 의견					
클라이언트	클라이언트에게 의미 있는 변화가 있는가?					
	클라이언트가 서비스에 만족하는가?					
	클라이언트 스스로 능력이 개발되고 있는가?					
	사례자의 의견					

출처 : 우국희(2016) 재인용.

4. 점검의 과정

점검 과정은 점검 유형의 선택, 점검 과업의 확인, 점검 목적의 확인, 점검 활동의 수행 등의 네 가지로 구분되는데 구체적인 내용을 살펴보면 다음과 같다(이근홍, 2020).

1) 점검 유형의 선택

사례관리자는 자기 자신의 시간구속, 전문적인 책임 및 조직적인 맥락을 사정해야 하며, 이러한 사정에 기초하여 점검의 적절한 유형을 선택해야 한다. 점검의 유형에는 공식적 점검, 비공식적 점검 및 두 가지가 혼합된 형식의 점검 유형이 존재할 수 있다.

2) 점검 과업의 확인

사례관리자는 선택된 점검의 유형과 관련성이 있으며 클라이언트의 자기 보호, 상호 보호, 전문적 보호의 점검 등과 연관된 주요한 과업과 활동을 확인한다. 이러한 과업과 활동의 확인에서 사례관리자는 클라이언트의 욕구와 문제의 특성, 서비스의 형태 등을 고려해야 한다.

3) 점검 목적의 확인

사례관리자는 클라이언트의 사회관계망 구성원 각자에 대한 노력, 적당성, 질 또는 결과에 초점을 두어 점검의 목적을 확인한다. 사례관리자가 이러한 모든 차원을 고려하여 점검의 목적을 확인하는 것이 바람직하지만, 이는 실현하기 어려울 수 있다.

4) 점검 활동의 수행

사례관리자는 각각의 점검의 목적에 대하여 점검의 참여자, 사례관리자가 자료수집에 사용할 점검의 방법, 점검 활동을 관리하는 시간 계획, 자료에 기초하여 수행할 사례관리자의 활동 단계(서비스 점검을 위한 팀의 소집 등)를 확인하고 점검 활동을 수행한다.

5. 재사정

1) 재사정

재사정이란 클라이언트의 문제와 욕구를 해결하기 위해 수립한 사례관리 계획의 변경 또는 수정을 의미한다. 사례관리자는 사례회의를 통해서 클라이언트와 기관, 그리고 자신의 능력 및 상황에 맞는 가장 적합한 방법으로 클라이언트의 욕구 해결과 관련된 결과목적, 효과성, 만족도를 달성하고자 계획을 수립한다. 그리고 이 과정에서 클라이언트를 포함한 주변 환경에서 발생 가능하다고 예측되는 부정적인 장애요인을 검토하여 이에 대한 대책을 수립해 놓고, 실제로 장애요인이 발생했을 경우 계획상의 목적이나 방법이 장애요인에 의해 영향을 받지 않도록 조정해 주는 활동을 수행한다.

2) 재사정의 과정

재사정은 사례관리 대상자의 개별적 특성과 다양한 원인 또는 서비스 제공기관과 사례관리자에 따라 상이하게 다루어지는 경향이 있는데, 재사정 기록지에는 클라이언트의 개인 사항, 재사정의 유형, 재사정 요인, 클라이언트 변화 욕구와 서비스 제공 및 문제, 사회복지사의 의견, 재사정 결과, 향후 계획으로 구분하여 기록한다(정성배 외, 2019).

참고문헌

강흥구(2016). 사례관리. 정민사.

권진숙(2004). 사례관리 : 개념과 기술. 학지사.

김성경(2019). 사회복지 사례관리론. 공동체.

백연옥(2000). 가정폭력 피해자를 위한 사례관리 매뉴얼. 보건복지부.

서보준 외(2021). 사회복지실천론. 양서원.

우국희(2016). 사례관리론. 공동체.

이근홍(2020). 사례관리론. 지식공동체.

장인협 · 우국희(2007). 지역사회기반 사회복지실천 케어 · 케이스 매니지먼트. 서울대학교출판부.

정성배 외(2019). 사회복지 사례관리의 이론과 실제. 창지사.

최선희 · 정재연(2020). 현장기반 사회복지 사례관리 실제. 지식공동체.

한국사례관리학회(2012). 사례관리론. 학지사.

Bellow, J. R., & Mink, G.(1996). *Case Management in Social Work : Developing the Professional Skills Needed for Work with Multiproblem Clients*. Springfield, IL : Charles, C. Thomas Publisher, Ltd.

Challis, D., & Perkins, R.(1989). *Case Management and Community Care*. Aldershot : Gower Publishing Company.

Frankel, A. J., & Gelman, S. R.(2004). *Case Management : An Introduction to Concepts and Skills*(2nd ed.). Chicago, IL : Lyceum Books Inc.

Hepworth, Dean H., et al.(2010). *Direct Social Work Practice : Theory and Skills*(8th ed.). Belmont, CA : Books.Cole.

Onyett, S.(1998). *Case Management in Mental Health*. UK : Stanly Tomas.

Steinberg, R. M., & Catter, G. W.(1983). *Case Management and the Elderly*. Lexington, MA : Lexington Books.

CHAPTER 11

사례관리의 평가와 종결

제1절 사례관리 평가의 개념 및 목적과 원칙

제2절 사례관리의 효율적인 평가기술 및 평가방법과 윤리문제

제3절 사례관리의 종결

CHAPTER 11

사례관리의 평가와 종결

제1절 사례관리 평가의 개념 및 목적과 원칙

1. 사례관리 평가의 개념 및 목적

1) 평가의 개념

평가는 사례관리 계약기간 만료 전이나 종결 전 클라이언트와 함께 사례관리 성과를 분석하는 과정이다. 즉, 사례관리자는 서비스 제공을 통해 클라이언트에게 어떠한 변화가 생겼는지에 대해 평가한다. 이를 위해 사례관리자는 클라이언트가 서비스를 통해 어떤 이득을 경험하고 있는지, 또 어떤 변화가 생겼는지를 판단하는 데 양적이고 질적인 방법을 적절히 활용해야 한다(한국사회관리학회 편, 2021). 이때 중요하게 파악해야 할 것은 계획이 효과적이었는지, 계획한 대로 수행한 결과 클라이언트의 기능향상과 복지개선이 되었는지를 파악하는 것이다(권진숙 외, 2012).

2) 평가의 목적

평가의 목적은 평가를 바탕으로 현재의 실천을 보다 바람직한 방향으로 수정하며, 다음 실천에 반영하여 실천의 질적 증진을 도모하기 위함이다(양정남 외, 2011).

결국 평가를 통하여 사례관리 대상자와 그 체계의 변화를 판단하며, 서비스가 질적으로 향상될 수 있는 기제로 활용하기 위하여 평가를 실시하는 것이라 할 수 있다.

2. 사례관리 평가의 원칙

사례관리 평가의 원칙을 일곱 가지로 나누어 살펴보면 다음과 같다(최선희 · 정재연, 2020).

① 평가는 클라이언트와 사례관리자가 함께 진행한다. 사례관리자의 일방적인 평가가 아닌 클라이언트의 자기평가를 반영하여 통합적으로 이루어져야 한다.

② 클라이언트의 긍정적 변화에 초점을 둔다.

③ 평가는 산출평가와 성과평가로 구성하고, 클라이언트의 실질적인 변화를 측정하는 성과평가에 보다 초점을 둔다.

④ 평가는 클라이언트와 사례관리자 이외에도 클라이언트 체계, 서비스 또는 자원 제공기관, 슈퍼바이저 등의 평가를 통합하여 다양하고 정확한 자료를 근거로 평가해야 한다. 외부 평가를 진행할 때는 클라이언트의 비밀보장의 권리를 보호하면서 진행한다.

⑤ 양적 평가, 질적 평가, 객관적 평가, 주관적 평가를 모두 고려해야 한다.

⑥ 평가결과에 따라 클라이언트와 함께 사례관리 재사정, 종결준비를 한다. 종결을 결정하기 위해서는 목표달성 이외에도 목표달성의 지속성을 반드시 고려해야 하며, 자원활용 능력, 건강한 인간관계 유지, 사회적 역할 수행 등을 종합적으로 평가하여 종결을 준비한다.

⑦ 사례관리자는 사례관리 실천과정의 적절성과 실효성을 점검하고, 자기 평가 및 슈퍼바이저 평가를 통해 사례관리 전문성 향상을 도모한다.

제2절 사례관리의 효율적인 평가기술 및 평가방법과 윤리문제

1. 사례관리의 효율적인 평가기술

사례관리의 효율적인 평가기술에는 첫째, 사례관리 평가를 할 수 있는 전문가를 활용하는 것이며, 둘째, 객관적 평가를 위해 공식화된 평가도구를 사용하는 것이다. 구체적인 내용을 살펴보면 다음과 같다(최은정 외, 2017).

1) 사례관리 평가를 할 수 있는 전문가 활용

사례관리자의 역할이 클라이언트 욕구에 대해 사례관리자 단독으로 완전한 평가를 수행하는 것은 아니다. 사례관리자의 역할은 평가가 효율적으로 되도록 조력하는 것이고 각 영역의 정보를 수집하여 의사소통을 할 수 있도록 정보를 보관하는 것이다. 또한 클라이언트의 욕구들이 다른 전문가에 의해서 적절히 평가되어 있는지를 점검하는 것이다. 만약 다른 전문가와 함께 평가를 할 경우 각 영역의 전문가들에게 준비할 시간을 주고 필요한 정보와 과업들을 공유할 수 있도록 한다. 때로는 한 전문가가 평가를 주도하는 것이 도움이 될 수 있는데 클라이언트가 한 명의 전문가에게 집중할 수 있기 때문이다. 만약 가족치료자가 가족 구성원을 전문적으로 평가한다면 사례관리자는 같은 영역의 평가를 위해 유사한 전문가들이 중복하여 개입하지 않도록 배려해야 한다. 또한 사례관리자는 클라이언트와 그들의 환경이 역동적이고 지속적으로 변화하기 때문에 지속적으로 이루어지고 새로운 정보가 보완하도록 노력해야 한다.

2) 객관적 평가를 위해 공식화된 평가도구를 사용

클라이언트와 가족들의 상태를 보다 더 객관적으로 평가하기 위해 다양한 도구들이 개발되고 있다. 이러한 평가도구들은 각기 한계점을 갖고 있으나 현장에서 사용해 보는 것도 가치가 있다. 자기보고 형태의 설문지는 간단히 사용할 수 있고 평가하기가 용이하다. 예를 들면, 공포 지수나 불안 지수, 우울 지수를 측정하는 것들은 흔히 쓰이는 방법이다. 객관적 평가 도구의 단점은 다음과 같다.

① 평가자의 무의식적인 유도나 클라이언트의 무의식적 동기에 의해서 영향을 받을 수 있다.

② 측정도구를 통해 단편적인 평가는 가능하나 신체적인 상태나 행동의 장기간 변화는 평가할 수 없다.

③ 불안이나 우울 같은 기초적인 정보만 평가가 가능하며, 증상이 심한 환자나 읽지 못하는 환자들에게는 도움이 되지 않는다.

④ 해석은 전체 인구를 기초로 한 것이기 때문에 클라이언트와 인과관계가 없을 수도 있다.

때로는 클라이언트의 자기점검 방법도 효과적일 수 있다. 또한 클라이언트들이 자기의 일상생활을 기록하거나 환청이나 강박적인 사고 등을 평가할 수 있고 직접적인 관찰 방법도 변화를 알 수 있는 좋은 방법이며 행동 변화를 측정하는 방법도 있다.

2. 사례관리의 효율적인 평가방법

사례관리의 효율적인 평가방법에는 과정평가, 결과평가, 구조평가의 세 가지로 구분되는데 구체적인 내용을 살펴보면 다음과 같다(강흥구, 2016; 문수경 외, 2019; 최은정 외, 2017).

1) 과정평가

과정평가는 서비스의 전달과정을 검토하는 것이다. 표준에 의해 서비스가 제공되는지, 제공자가 목표 달성을 위해 적합한 방법을 수행하고 있는지 등을 평가하는 것이다. 예를 들면, 알코올남용센터에 입소한 청소년의 경우 프로토콜에 따라 자살위험을 평가해야 하는데 이러한 과정이 적절하게 이루어졌는지 검토하는 것이다. 호스피스 서비스의 경우에도 그들이 어느 곳에서 임종할 것인가에 대하여 말할 기회가 있었다면 과정 측면에서는 적절한 서비스가 이루어졌다고 보는 것이다(Coulton, 1991). 사회사업에서 과정평가 또는 형성평가(formative evaluation)는 환자에게 제공되는 사회사업서비스가 전문적 기준(professional standards)과 지식에 근거하여 이루어지고 있는지를 평가하는 것으로 사회사업 평가의 가장 흔한 형태이다(Coulton, 1979).

〈표 11-1〉 과정평가 사례관리 영역 및 지침

사례관리 영역	지 침
클라이언트의 권리와 가치	고지된 동의, 자기결정권, 존엄, 가치, 선호하는 것을 존중
포괄적 사정	클라이언트의 인지, 기능, 능력, 한계, 강점, 자원 등에 대해 체계적이고 표준화된 사정
계획	클라이언트의 특성을 고려한 개별화된 계획 수립
실행	효율적인 실행이 가능하며, 옹호자, 의뢰자 등의 다양한 역할 수행
점검(모니터링)	클라이언트의 욕구에 부합하는 적절한 서비스 제공 여부 서비스의 질, 만족도, 변화상황 등 점검
재사정	클라이언트의 여러 가지 상황이 변화될 경우 적절한 서비스를 제공할 수 있도록 사정
종결	클라이언트가 더 이상 사례관리 서비스를 제공받을 수 없는 상황
서비스의 질	최고의 서비스 질을 담보하기 위해 정기적인 점검
자원의 효율적 이용	클라이언트 욕구를 충족하기 위한 자원의 사용

출처 : Geron et al.(1994).

2) 결과평가

결과평가는 목표달성수준평가, 과제수행평가, 통계적 기법에 의한 사전사후평가, 단일사례평가 등을 적용할 수 있다. 목표달성수준 평가와 과제수행평가는 종료시점에서의 결과를 평가한다. 한편 사전사후평가와 단일사례평가는 개입 전후의 비교 혹은 개입과정에서의 변화까지도 보여줄 수 있는데 두 가지로 제시하면 다음과 같다.

① 단일집단 사전 사후 비교설계가 있다. 엄격한 평가를 위해서는 실험집단과 통제집단을 비교하는 것이 바람직하겠으나 통제집단을 설정하기 어려운 현실적인 문제 그리고 통제집단에 대한 윤리적인 문제가 제기된다. 따라서 실천에 대한 평가는 단일집단 사전 사후 설계를 가지는 것이 일반적이다.

② 단일사례설계(single subject design)이다. 단일사례설계는 단일집단 사전사후 설계가 가지는 한계를 극복하고 단순한 자기보고식 도구 혹은 단일의 도구를 이용한 평가의 사례관리자의 관찰을 반영할 수 있다.

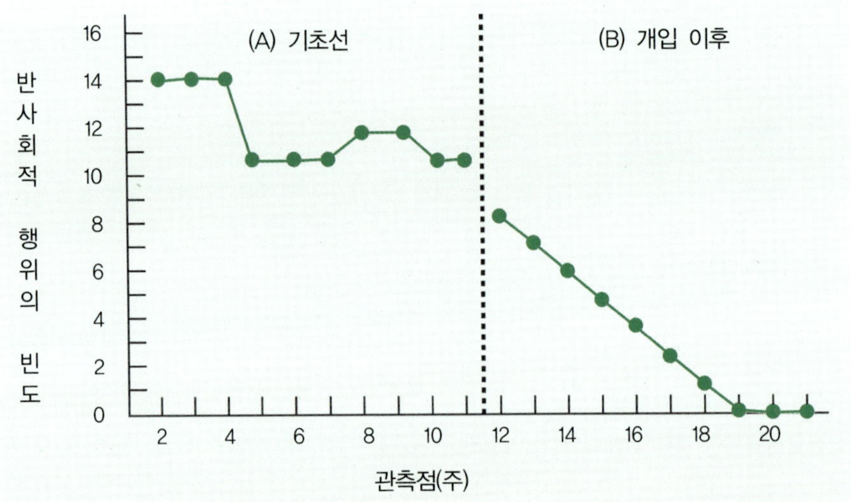

|그림 11-1| AB 설계

〈표 11-2〉 결과평가에 대한 평가척도

구 분	평가척도
클라이언트 체계	• 사례목표에서 계획한 목표가 달성되었는가? • 서비스 제공자가 클라이언트가 수용할 수 있는 형태와 수준의 서비스를 제공하고 있는가? • 클라이언트에게 제공되는 서비스는 적합한가? • 서비스가 일반적으로 수용할 수 있는 양질의 실천기준에 적합한가? • 제공된 서비스가 의도한 결과를 초래했는가? • 제공된 서비스는 클라이언트의 욕구를 충족시키는 데 도움이 되었는가? • 사례관리를 통해서 클라이언트의 삶의 질이 향상되었는가? • 새로운 욕구가 발생하여 사례계획을 수정할 필요성이 있는가? • 한정된 서비스의 공급이 극한 위기에 처해 있는 클라이언트에게 전달되는가?
서비스 제공 체계	• 계획이 클라이언트의 장단기 목표를 달성하는 데 적절한가? • 계획에서 기술한 활동과 과업은 적절한 방법으로 실행되고 있는가? • 계획은 클라이언트의 욕구를 충족시키기에 적합한가? • 서비스 제공기관의 정책과 프로그램은 클라이언트의 욕구충족에 기여하는가?

출처 : Vourlekis et al.(1992).

3) 구조평가

구조에 대한 평가는 서비스를 투입하기 위해 적절한 것이 무엇인지 질문하는 것이다. 사회복지사들이 훈련되어 있고 적절한 자격을 갖추고 있는가, 원조 서비스(support service), 행정적 배치는 적절한가, 좋은 질을 제공하면 그에 따른 보상 시스템이 있는가 등을 평가하는 것이다(Coulton, 1991).

이처럼 구조란 제공된 사례관리 서비스들 간의 조직된 형태를 의미한다. 구조에 포함되는 요소에는 사례관리에 동원되는 자원은 물론 사례관리를 제공하고 있는 기관의 신뢰도와 역량, 사례관리자와 클라이언트의 적절한 비율 정도, 행정적인 지원 등이 포함될 수 있다. 또한 사례관리 구조의 질을 결정하는 필수요소에는 서비스 제공에 필요한 자원, 사례관리자의 전문성, 자격, 교육, 슈퍼비전, 전문가로서의 훈련 수준, 사례관리자로서의 기능수행 능력 등이 포함된다. 구조평가는 이러한 구조를 형성하고 있는 요소들의 질을 평가하는 것으로 어떤 요소가 현재 클라이언트의 문제를 해결하고 사례관리를 수행하는 데 적절하며, 어떤 요소가 부족한지를 점검하고 확인해 나가는 것이다(권진숙 · 박지영, 2015).

〈표 11-3〉 구조평가에 포함된 조직 형태

사례관리 체계	서비스 제공자	클라이언트
전문성과 관리 스타일	연령	사회·경제적 상태
재정적 측면	성별	교육 정도
업무 부담	신념 및 태도	연령
인력 배치	경력	성별
자원 및 물리적 설비	직업만족도	건강 습관이나 건강신념

출처 : 현외성 외(2015).

3. 사례관리 평가에 대한 윤리 문제

사례관리의 평가를 위해 대상자를 조사할 때 사회복지의 윤리와 사회복지 조사연구에 있어 지켜야 할 윤리가 필요하다. 구체적인 사례관리 평가에 대한 윤리에 대해 살펴보면 다음과 같다(남미애, 2018).

① 사례관리 평가를 위해 실시하는 조사의 목적은 일차적으로 클라이언트를 위한 것이어야 한다.

② 조사 참여자들의 자발적 참여와 동의를 얻는 것이 필요하다. 조사는 응답자에게 시간과 에너지를 빼앗고 경우에 따라 사적 정보가 드러나는 경우도 있기 때문에 기본적으로 조사에서는 자발적인 참여를 원칙으로 해야 하며 응답자에게 참여에 대한 동의를 얻는 것이 필요하다.

③ 신체적 또는 정신적 위해로부터 조사참여자를 보호해야 한다. 많은 자료 수집 방법들이 응답자 개인의 기억에 의존한다. 개인들이 떠올리기 싫어하는 것을 되새기게 함으로써 옛날의 상처를 떠올리게 할 가능성이 있다. 응답자의 생각과는 다른 것을 강요하듯이 하는 질문들, 개인들의 정보를 노출하여 어렵게 할 가능성이 있는 문제 등도 조사연구의 과정에서 개인들에게 해를 끼칠 수 있다(김영종, 2002). 최근 우리나라에서도 대학 및 연구소에서 행해지는 연구들은 연구계획에 대한 사전심사를 받도록 하고 있다. 그러나 사전심사만으로는

조사 참여자가 윤리적으로 보호되기 어렵기 때문에 연구자의 각별한 주의가 필요하다.

④ 조사는 익명으로 처리되며 비밀이 보장되어야 한다. 조사는 응답자가 누구인지 드러나지 않아야 하며 이를 공개해서는 안 된다. 이것은 조사자의 윤리인 동시에 연구의 응답률을 높이는 데 기여한다.

⑤ 개입의 성격, 연구의 목적, 알려진 위험과 이득에 대한 설명을 조사 대상자에게 해야 한다. 조사자는 조사에 앞서 조사의 목적, 활용방안 등에 대해 응답자에게 간단히 공지해야 하며 조사로 인해 받을 수 있는 이득과 위험에 대해서도 공지하는 것이 필요하다.

제3절 사례관리의 종결

1. 사례관리 종결의 개념

종결은 사례관리 과정을 통하여 사례의 목표가 달성되었거나 서비스가 이미 클라이언트의 복지를 위해 필요하지 않거나 사망 등과 같은 클라이언트의 중대한 변화로 인하여 사례관리 과정을 계속 수행할 수 없을 경우에 서비스의 제공을 중단하는 과정이다(이근홍, 2008). 즉, 이것은 결과목표가 달성되었거나 목표가 달성되지 않았더라도 필요할 경우 사례관리자와 클라이언트 사이의 전문적 관계를 단절하는 과정을 의미한다(이근홍, 2020).

2. 사례관리 종결의 원칙

사례관리 종결의 원칙을 다섯 가지로 나누어 제시하면 다음과 같다(최선희 · 정재연, 2020).

① 종결은 사례관리자는 물론 클라이언트의 불안감을 야기하여 그동안 지속되어 왔던 긍정적 성과들을 일시에 후퇴시킬 수 있다. 따라서 사례관리자의 지지적 상담과 아울러 클라이언트의 긍정적 수용이 이루어질 수 있도록 해야 한다.
② 최종 종결 시에는 가능한 한 대면 종결로 진행하며 클라이언트에게 종결 이후 진행되는 사후관리 과정에 대한 고지 이외에 클라이언트가 다시 도움이 필요한 경우 언제든지 기관의 사례관리 또는 서비스를 요청할 수 있음을 설명해야 한다.
③ 클라이언트에 따라 종결에 대한 수용도가 다를 수 있으므로 속도를 조절해 3~5회에 걸쳐 종결을 논의 및 합의해야 한다.
④ 목표달성 종결을 준비하는 경우에는 목표달성을 유지할 수 있는 능력과 사회적 관계망 활용능력, 자립유지 등을 고려하여 종결을 결정해야 한다. 또한 목표가 아직 달성되지 않았지만 클라이언트가 자립의지를 가지고 종결을 요청할 경우 종결을 진행할 수 있다.
⑤ 종결 기준을 적용할 수 없는 경우, 팀 내 사례회의를 통해 논의할 수 있다.

3. 사례관리의 유형 및 사유

사례관리의 유형 및 사유에는 본인 스스로 중단 의사를 표현할 경우, 클라이언트가 계약된 책임성을 이행하지 못했을 경우, 클라이언트가 다른 지역으로 이사할 경우, 클라이언트가 사망하였을 경우, 계약기간 만료의 경우, 목표달성이 적절히 이루어졌을 경우의 여섯 가지로 구분할 수 있는데 구체적인 내용을 살펴보면 다음과 같다(최선희 · 정재연, 2020).

1) 본인 스스로 중단 의사를 표현할 경우

① 클라이언트가 사례관리 혹은 관련 서비스 이용을 거부하거나 중단 의사를 표현할 경우 클라이언트의 결정을 수용하되 불가피한 상황에 의한 것인가, 다른 선택에 의한 것인가, 절차에 대한 불편함인가, 서비스 변경 요청에 관한 것인가, 사례관리자와의 관계 형성의 문제인가 등을 파악한다.

② 다양한 원인 중 절차에 대한 불편함, 서비스 변경 요청인 경우 클라이언트에게 관련 내용을 확인하여 서비스 담당자에게 전달한다. 조정이 가능한 경우 관련 서비스가 지속될 수 있도록 하며, 조정이 불가능한 경우 클라이언트와 합의하에 종결을 진행한다.

2) 클라이언트가 계약된 책임성을 이행하지 못했을 경우

클라이언트가 복지관 서비스에 너무 의존적이거나 부정적이고, 합의한 역할을 다 하지 않으면서 무리한 요구만을 요청할 경우에 사례관리자는 전화 혹은 대면상담을 통해 관련 사유를 확인한다. 조정이 가능한 경우 사례관리 및 서비스 지속에 협력할 수 있도록 클라이언트와 합의한 역할을 고지하며 당부한다. 조정이 불가능한 경우 클라이언트와 함께 작성한 계약서에 명시되어 있는 내용을 확인하여 안내하고 종결을 진행한다.

3) 클라이언트가 다른 지역으로 이사할 경우

① 클라이언트와 상시 점검을 통해 이사 시기 및 이주 지역에 대한 사전 정보를 확인한 경우, 본 복지관 서비스 제공 지역에서 다른 지역으로 이사하기에 종결해야 함을 안내한다.

② 종결이 되더라도 클라이언트가 동의할 경우 이주하는 지역의 복지관 혹은 관련 기관에서 서비스가 지속될 수 있음을 안내하며, 다른 기관으로 의뢰할 수 있음을 고지한다.

③ 클라이언트가 의뢰에 동의한 경우 이주 지역의 관련 기관 정보를 수집하고 사례관리 및 관련 서비스 담당자에게 의뢰 가능 여부를 확인하여 의뢰서를 발송하고 이를 클라이언트에게 확인시켜 준다.

④ 클라이언트가 의뢰에 동의하지 않은 경우, 그 이유가 무엇인지에 대해 확인한다. 동의하지 못하는 이유가 종결 이후 사례관리자 혹은 복지관과의 단절로 인한 두려움인지, 새로운 사례관리자 혹은 기관의 적응에 대한 두려움인지, 다른 이유가 있는지 등 그 원인을 확인하고 클라이언트가 가질 수 있는 정서

적 어려움에 대해 충분히 공감해야 한다. 클라이언트가 의뢰에 동의할 때까지 기다릴 것인지 아니면 의뢰하지 않고 종결할 것인지를 결정해야 한다.

4) 클라이언트가 사망하였을 경우

① 클라이언트의 사망이 확인될 경우 서비스 제공기관에 클라이언트의 사망을 알린다.
② 장례 진행과 관련하여 유가족 또는 관할 주민센터와 논의한다.
③ 유가족이 있을 경우, 유가족과 만나 사례관리 진행과정에서 인계되어야 할 부분을 인계하고 장례절차 도움이 필요한지를 확인하며, 필요시 정보제공이나 자원연계를 진행한다.
④ 유가족이 없을 경우, 클라이언트 거주지 관할 주민센터와 연계하여 연락할 수 있는 가족이 있는지를 확인한다. 유가족이 확인된 경우, 유가족이 클라이언트의 장례 및 재산 정리를 진행할 수 있도록 돕고 유가족이 확인되지 않는 경우 주민센터와 재산정리 및 장례절차를 논의하여 진행한다.

5) 계약기간 만료의 경우

① 클라이언트에게 계약기간 만료로 인한 종결을 고지하기 전에 계약서 내 명시되어 있는 계약 날짜를 확인한다.
② 계약을 진행하고 1년이 지나면 계약기간이 만료되어 종결될 수 있음을 안내한다.
③ 계약기간이 만료되는 시점에 목표달성이 된 경우에는 종결한다.
④ 계약기간이 만료되는 시점에 목표가 미달성된 경우 평가결과에 따라 재사정을 하거나 목표를 재수립하고 다시 계약한다. 그러나 클라이언트가 종결을 원할 경우에는 종결한다.

6) 목표달성이 적절히 이루어졌을 경우

① 클라이언트와 평가 작업을 진행하기에 앞서서 사례관리의 목표달성이 이루어졌다고 평가되면 종결과정으로 이어질 수 있다는 것을 사전에 안내한다.
② 평가를 통해 클라이언트가 원하는 목표달성이 이루어진 경우 클라이언트가 열심히 노력하여 얻은 성과임을 강조하여 지지하고 종결과정을 시작한다. 달성한 목표의 지속성과 클라이언트의 자립유지를 반드시 점검해야 한다. 클라이언트가 종결 이후에도 현재의 상황을 유지 및 발전시킬 수 있다고 합의되면 종결을 진행한다.
③ 종결에 대한 클라이언트의 생각 및 감정을 확인한다.
④ 클라이언트가 종결에 대해 특별히 부정적이거나 불안해하지 않고 동의한 경우, 클라이언트 스스로가 변화의 주체임을 인식하고 앞으로도 지속해서 역량을 발휘할 수 있는 존재임을 인정할 수 있도록 지지하고 격려한다.
⑤ 클라이언트가 종결에 대해 불안해하고 부정적이 되면 합의하지 못하는 이유가 무엇인지를 탐색해 간다. 합의하지 못하는 이유가 단순히 불안한 것인가, 유지하는 것에 대한 자신감이 부족한 것인가, 사례관리자와의 의존적 관계형성 때문인가를 확인하고 경우에 맞는 적절한 대처과정을 진행한다. 단순히 불안한 경우에는 불안한 감정이 자연스러운 현상임을 이야기하며 불안감을 감소시킬 수 있도록 돕는다. 또한 이제까지의 과정과 목표달성을 다시 한번 확인하여 자신감을 갖도록 한다. 종결 감정을 다루는 데 충분한 시간을 할애한다.
⑥ 클라이언트가 종결에 동의하지 못하는 이유가 자신감 부족이나 혼자 해야 하는 두려움일 경우에는 클라이언트가 두려워하는 부분에 대해 받아들일 수 있는 기간까지 좀 더 이야기를 나누며 이제까지 잘 해왔던 상황들을 인식하고 자신감을 가질 수 있도록 상담하는 과정이 필요하다.
⑦ 종결이 되더라도 다시 욕구가 발생하거나 해결하고 싶은 문제가 있을 때는 사례관리자와 이야기를 나눌 수 있고 6개월에서 1년간 사후관리도 진행된다는 것을 안내한다.

4. 사후관리

사후관리는 사례대상자의 자조적인 생활을 조력하는 사례관리자의 지원을 의미한다. 사례대상자가 사례관리자를 만나 새로운 시도(도전)를 하고, 다양한 자원과 교류하는 경험은 스스로 문제를 해결하겠다는 결심이며, 노력의 과정이다. 이러한 결심을 지속하고 유지하기 위한 조치가 사후관리이다.

사례관리자는 공식적인 관계가 종료된 이후의 생활에 관심을 가져야 한다. 어려움을 경험하고 있는지, 문제가 재발하였는지, 더 심각한 상황에 처해 있는지, 자조적인 생활을 유지하고 있는지 등이다. 사후 세션을 종결한 2~6개월 정도가 지났을 때 클라이언트의 변화를 모니터링하며 사례관리의 효과를 유지하기 위해 사후 세션을 갖는 것이 바람직하다.

사례관리자는 항상 목적과 목표를 명확하게 설정하여 클라이언트에게 개입해야 한다. 시작부터 사례관리자가 목표를 설정하지 않고서는 이후의 개입이 얼마나 성공적이었는지 평가할 수 없을 것이다.

사후관리는 통합사례관리 과정과는 다른 접근이 필요한데 구체적인 질문사항은 다음과 같다(정성배 외, 2019).

- 사례대상자 스스로 생활하기 위한 역량이 있는가? 또한 생활을 유지하고 있는가?
- 이전 생활을 벗어나 변화된 생활을 영위하기 위해 노력하고 있는가?
- 지금까지의 경험을 긍정적으로 받아들이고 새로운 시작으로 인식하는가?
- 보호자와 가족은 사례대상자의 변화를 받아들이는가?
- 생활의 문제를 극복하고 있는가?

부록

평가 관련 서식

〈표 11-4〉 이용자 만족도 평가 : 사회복지서비스 이용자 만족도 척도(CSI-K) 단축형 문항

문항내용	전혀 그렇지 않다	그렇지 않다	보통이다	그렇다	매우 그렇다
사례관리자는 진심으로 나를 도와주는 것 같다.					
만일 다시 도움이 필요하다면 사례관리를 이용할 것이다.					
내가 이곳에서 받은 사례관리를 다른 사람에게도 추천하고 싶다.					
사례관리자는 자신들의 일을 성의껏 한다.					
나는 사례관리를 통해 진정으로 내가 필요로 하는 도움을 받았다.					
나의 사례관리자는 나의 모습을 있는 그대로 받아 준다.					
나의 사례관리자는 내 심정을 이해하는 것 같다.					
나는 사례관리자에게 속마음을 털어놓을 수 있을 것 같다.					
내가 사례관리에서 받은 도움은 기대 이상이다.					

출처 : 전혜성 외(2020).

〈표 11-5〉 사례관리 종결보고서

사례번호		대상자		성별/ 나이	
사례관리자		소속기관		종결보고 일자	

목표달성 평가			
단기목표	성과평가	장기목표	성과평가
	(/5점) (/5점) (/5점)		1. (/5점) 2. (/5점)

대상자 만족도					
문항	매우 만족	만족	보통	불만족	매우 불만족
나는 사례관리자가 이야기해주는 것에 대해 신뢰할 수 있다.					
사례관리자로부터 서비스 내용과 진행에 대해 충분한 설명을 들었다.					
내가 받는 서비스는 내가 원하는 것이다.					
사례관리자는 나의 욕구에 부응하기 위해 열심히 노력한다.					
내 삶은 사례관리 서비스를 받으면서 점차 개선되고 있다.					
기타 의견 :					

<table>
<tr><td colspan="3">사회관계망 및 지지망의 변화</td></tr>
<tr><td colspan="2">개입 전 생태도</td><td>개입 후 생태도</td></tr>
<tr><td colspan="2"></td><td></td></tr>
<tr><td>척도 활용
평가(사전/사후)</td><td colspan="2"></td></tr>
<tr><td>사례관리자 의견
(사후관리 계획 포함)</td><td colspan="2"></td></tr>
<tr><td>종결 심사 결과</td><td colspan="2">☐ 종결 ☐ 재사정</td></tr>
<tr><td>종결 유형</td><td colspan="2">☐ 기간 종료 ☐ 사망 ☐ 연락두절 ☐ 거절이나 포기
☐ 상황 호전(　　) ☐ 기타(　　)</td></tr>
</table>

출처 : 박미은(2019).

참고문헌

권진숙 외(2012). 사례관리론. 학지사.
권진숙 · 박지영(2015). 사례관리 이론과 실제. 학지사.
김영종(2002). 사회복지 조사방법론. 학지사.
남미애(2018). 아동 청소년을 위한 사례관리론. 양서원.
박미은(2019). 사회복지사를 위한 사례관리. 양서원.
양정남 외(2011). 사례관리. 양서원.
이근홍(2008). 케어매니지먼트. 공동체.
______(2020). 사례관리론. 지식공동체.
전혜성 외(2020). 현장 사례관리. 학지사.
정성배 외(2019). 사회복지 사례관리의 이론과 실제. 창지사.
최선희 · 정재연(2020). 현장기반 사회복지 사례관리 실제. 지식공동체.
최은정 외(2017). 사례관리론. 양서원.
한국사회관리학회 편(2021). 사례관리론(개념, 기술, 실천역량 이해). 학지사.
현외성 외(2015). 사회복지 사례관리론. 공동체.

Coulton, C. J.(1979). *Social Work Quality Assurance Program : A Comparative Analysis*. National Association of Social workers.

__________(1991). Development and implementing quality assurance programs. In R. C. Edwards, & J. A. Yank(Eds.). Skills for effective human services management. NASW Press.

Geron, S. M., & Chassler, D.(1994). Guidelines for Case Management Practice Across the Long-Term Care Continuum, CCCI.

Vourlekis, B. S., & Creene, R. R.(1992). *Social Work Case Management*. NY : Aldine de Gruyter.

CHAPTER 12

사례관리와 기록

CHAPTER 12

사례관리와 기록

제1절 사례관리 기록의 필요성 및 용도와 방향

1. 사례관리 기록의 필요성

사례관리에 있어 관리행위 자체도 중요하지만 과정을 기록하여 클라이언트에게 효과적인 사례관리가 이루어졌는가를 살피는 것은 사례관리자의 중요한 책무라 할 수 있다. 사례관리자는 클라이언트의 욕구에 적절히 대응하는 사례관리를 시행할 책임이 있으며, 이를 평가하기 위해서는 기록이 중요한 자료로 활용될 수 있다.

특히 사례관리는 클라이언트의 다양한 욕구에 대응하고 이를 충족시키기 위해 클라이언트와 다양한 서비스, 혹은 기관을 연계하는 활동이 주요 핵심이 되기 때문에 이를 효과적으로 관리하기 위해서는 기록이 필수적이라 할 수 있다. 또한 클라이언트는 다양한 전문가 및 기관과 상호작용하므로 이를 효과적으로 관리하고 연계하기 위해서는 기록이 매우 중요하다(강흥구, 2016).

2. 기록의 용도

사례관리 기록의 용도에 대해 Kagle(1997)과 Ames(1999)는 다음과 같이 제시하고 있다(김혜란 외, 2001 재인용).

① 클라이언트의 욕구 확인과 개입의 기초자료 습득
② 서비스 수급 자격을 입증할 문서로 활용
③ 서비스 내용의 보고
④ 사회복지사의 사고 조직화
⑤ 사례의 지속성 유지
⑥ 전문가 간 의사소통의 도구
⑦ 클라이언트와 기록 공유를 통한 의사소통의 촉진
⑧ 지도 감독, 자문, 동료검토의 근거
⑨ 서비스 과정과 효과의 점검(서비스의 효율성, 효과성, 질 평가에 사용)
⑩ 학생과 다른 전문가들에 대한 교육(교육훈련의 자료로 사용)
⑪ 행정적 과업을 위한 자료제공
⑫ 조사를 위한 자료제공
⑬ 전달된 서비스에 대한 비용 청구와 프로그램 실시를 위한 재원확보에 사용

위의 내용 외에도 사례관리자는 기록의 원칙을 준수하고 기록에 관련된 윤리적 이슈를 고려하여 기록과 관리가 이루어질 수 있도록 많은 노력을 해야 할 뿐만 아니라 이런 기록을 바탕으로 사례관리자는 클라이언트에 대한 책임감을 가지고 서비스가 잘 제공될 수 있도록 해야 할 것이다.

3. 기록의 방향성과 기록에 포함되어야 할 내용

1) 기록의 방향성

기록의 방향성을 7가지로 구분하여 제시하면 다음과 같다(Kagle & Kopels, 2008, 최소연, 2015 재인용).

① 서비스 전달에 초점을 두어야 한다.
② 목표와 포괄적 이해, 정확한 사정을 포함해야 한다.
③ 서비스 제공에 요구되는 정보에 초점을 두어야 한다.

④ 클라이언트의 역할을 포함해야 한다.
⑤ 클라이언트의 문화적 요소에 대해 확인해야 한다.
⑥ 클라이언트와 타인이 기록에 접근할 것으로 염두에 두고 기록되어야 한다.
⑦ 조직화되고, 최근의 정보를 포함해야 한다.

2) 기록에 포함되어야 할 내용

사례관리자 및 대상자에 따라 기록하는 내용은 조금씩 다르며, 약간의 차이가 있을 수 있으나 일반적으로 기록에 포함되어야 할 내용은 다음과 같다(Kagle, 1997, 김혜란 외, 2001 재인용).

① 클라이언트의 인구사회학적 특성
② 서비스 제공 사유
③ 클라이언트의 현재 및 과거의 문제나 욕구
④ 사회복지사의 소진과 사정
⑤ 서비스 목적, 계획 및 제공된 서비스의 특성
⑥ 서비스 종결 방법과 사유, 서비스 활동과 결과에 대한 요약
⑦ 사후지도

제2절 사례관리 기록 방법 및 기록 유형과 기록 윤리

1. 사례관리 기록 방법

1) 좋은 기록 방법

좋은 기록 방법은 명확한 내용을 정확하게 기록하는 것이다. 따라서 적절한 녹음 및 녹화와 메모가 주로 활용되고 있는데 구체적인 내용을 살펴보면 다음과 같다(강흥구, 2016).

(1) 녹음 및 녹화

개입의 모든 내용을 완벽하게 재구성하여 기록하기 위해서는 녹음이나 녹화의 방법을 활용할 수 있다. 물론 이 경우도 클라이언트에게 사전 동의를 얻어야 하며, 녹음이나 녹화를 의식하여 면담에 대한 집중력이 떨어지고 상호작용이 부자연스러워지는 것 등을 주의해야 한다. 특히 녹화는 언어적 표현뿐 아니라 비언어적 표현까지 나타나기 때문에 사례관리자와 클라이언트로 하여금 자신들이 말하고 행동하는 것을 되돌아보고 상호작용하는 과정상의 문제를 파악하게 해주므로 집중관리 대상의 사례이거나 문제나 욕구가 복잡하여 컨설팅을 받거나 슈퍼비전을 받아야 하는 사례의 경우 활용할 수 있다.

(2) 메모하기

기록 작성을 위해 메모를 활용할 수 있다. 상담 내용과 개입 내용을 모두 기억할 수 없기 때문에 상담 중에 클라이언트의 말을 메모할 수 있다. 이때 주의해야 할 점은 메모로 인해 면담의 흐름이 깨져서는 안 되며, 핵심단어를 중심으로 메모함으로써 상담의 집중성이 유지되도록 해야 한다. 메모가 필요한 경우 미리 클라이언트에게 양해를 구해야 하며, 다른 개입활동은 개입 행위 종료 시 바로 기록하는 습관을 가져야 한다.

2. 사례관리 기록 유형

사례관리 기록 유형에는 이야기체 기록, 과정 기록, 문제중심 기록 등의 세 가지로 구분할 수 있으며 구체적인 내용을 살펴보면 다음과 같다(강흥구, 2016; 문수경 외, 2019).

1) 이야기체 기록

이야기체 기록은 클라이언트의 상황과 서비스 교류의 본질을 반영할 수 있는 방법으로 중요하다고 간주되는 모든 것을 기록할 수 있는 융통성이 있다. 반면 시간이 너무 많이 소모되고 지나치게 길며, 초점이 모호하고 정보를 쉽게 복구할 수 없다는 단점이 있다(김혜란 외, 2001). 이야기체 기록을 하기 위해서는 시간의 흐름에 따라 변화된 상황, 개입 활동, 중요한 정보 등을 기록할 수 있는 사례 노트를 만들어 활용하는 것이 좋다.

2) 과정 기록

과정 기록은 클라이언트와 사례관리자의 면담 과정에서 발생하는 모든 것들에 대해 그대로 기록하는 것을 말한다. 시간과 에너지가 많이 소모되며 기록에 몰두하는 경우 면담과정에 지속적인 기록을 하거나 메모를 하거나 하는 문제 때문에 오히려 면담을 방해하는 요인으로 작용하기도 한다.

3) 문제중심 기록

문제중심 기록은 문제지향식 기록법이라고도 하는데 의료 분야나 정신보건 같은 다학문적 접근을 하는 세팅에서 주로 사용된다. 이 기록의 특징은 문제의 목록화와 진행 기록에 있는데 진행초기에 확인된 문제를 나열하고 사례를 진행하면서 새로운 문제가 표면화될 때마다 이를 추가하는 형태로 이루어진다. 진행 기록은 SOAP 방식의 경과기록을 하게 되는데, 문제목록상에 있는 문제별로 다음의 네 가지 항목에 대해 기재한다(김혜란 외, 2001).

① S(Subjective Information) : 주관적 정보

클라이언트가 제공하는 주관적 정보로서 클라이언트가 상황을 어떻게 인식하고 있는지를 나타낸다.

② O(Objective Information) : 객관적 정보

사례관리자의 직접적인 관찰, 임상적 실험, 객관적 소견 등에서 얻어지는 정보이다.

③ A(Assessment) : 평가

주관적 정보 및 객관적 정보의 검토를 통해 추론된 사례관리자의 개념화와 결론을 말한다.

④ P(Plan) : 계획

사례관리자가 특정 문제를 해결하는 방법을 나타낸다.

이 기록 방법은 기록을 조직화하는 데 간단한 양식을 제공하는 장점이 있지만 문제의 사정 부분이 지나치게 단순하며 클라이언트의 장점과 자원을 중요시하지 않고 사회심리적인 관심보다는 생의학적 관심에 초점을 맞추고 있으며, 서비스 전달의 복잡성을 간과하는 경향이 있다.

3. 사례관리 기록 윤리

사례관리 기록 윤리와 관련하여 비밀보장, 기록의 공개 범위와 허용 정도, 클라이언트가 자신의 기록을 보고자 할 때 발생하는 윤리적 문제에 대해 구체적인 내용을 살펴보고자 한다.

1) 기록 윤리

전미사회복지사협회(NASW)의 윤리강령에는 기록과 관련된 사회복지사의 윤리적 책임으로 다음과 같은 내용을 제시하고 있다.

① 사회복지사는 기록상의 기술이 정확하여 제공된 서비스가 그대로 반영되어 있다는 것을 보증하기 위해 합리적 수단을 강구해야 한다.

② 사회복지사는 서비스 전달을 용이하게 하고 미래의 클라이언트에게 제공될 서비스의 연속성을 보장하기 위해 적시에 충분한 내용의 자료를 기록에 포함시켜야 한다.

③ 사회복지사의 문서자료는 가능한 한 클라이언트의 프라이버시를 보호해야 하며 서비스 전달에 직접적으로 관련되는 정보만을 보호해야 한다.

④ 사회복지사는 서비스 종결 이후에도 미래의 적절한 접근성을 보장하기 위해 기록을 보관해야 한다. 기록은 주(州) 법이나 관련계약서에 명시된 기간 동안 보존해야 한다.

2) 비밀보장의 개념

비밀보장(confidentiality)이란 대인서비스 조직에서 일하는 전문가가 클라이언트와의 전문적 관계에서 확보한 정보를 누설하거나 그러한 정보를 획득하게 된 목적 외의 다른 목적으로 사용하지 말아야 할 의무를 말한다(김기덕, 2002). 사회복지실천에서 비밀보장은 사회복지사가 클라이언트와의 전문적 관계에서 신뢰를 바탕으로 얻은 정보를 클라이언트의 동의 없이 제3자에게 누설하지 않는다는 것을 의미한다.

따라서 비밀보장이 이루어지려면 기록과 기록의 보관관리 지침이 만들어져야 하는데 클라이언트의 사생활을 보호하는 데 도움이 되는 지침의 내용을 다음과 같다(Hepworth, Rooney & Larsen, 1997; Kagle, 1997, 김혜란 외, 2001 재인용).

① 서비스 제공에 필요하거나 서비스 전달 및 평가와 관련된 것만 기록한다.

② 클라이언트의 매우 사적인 생활이나 비밀스런 행동 및 민감한 정보는 자세하게 기록하지 않으며 일반적인 용어로 기술한다.

③ 정확한 것으로 입증된 정보만 기록하고 부정확한 것으로 확인되면 삭제하거나 이전에 기록된 정보가 정확하지 않음을 추가로 기입한다.

④ 사례기록은 반드시 잠금장치가 되어 있는 곳에 보관하고, 기록파일에 빈번히 접근해야 하는 사람만이 잠금장치를 열 수 있도록 한다.

⑤ 특별히 허가된 매우 예외적인 경우를 제외하고는 기록 파일 자체를 기관 외부로 내보내지 않는다.

⑥ 면담 중이나 회의 중에 사례기록을 방치해 두거나 일과 중에 책상 위에 펼쳐두어 아무나 볼 수 있게 해서는 안 되며, 하루 일과를 마치면 기록을 제대로 보관하고 퇴근해야 한다.

⑦ 전산화된 기록은 암호장치를 두어 합법적 권한을 가진 사람만이 접근하도록 한다.

⑧ 사회복지기관은 외부기관이나 개인에게 정보를 제공하는 절차에 대해 규칙을 가지고 있어야 하며, 기관의 절차를 사회복지사가 잘 지킬 수 있도록 훈련하고 감독하여야 한다.

3) 비밀보장의 법적 의무

우리나라뿐만 아니라 여러 나라에서 사회복지실천 시 비밀보장에 관해 윤리강령을 제정함으로써 클라이언트의 사생활 보호 가치를 실현하고 윤리적인 사회복지 실천이 이루어지도록 하고 있다. 그러나 비밀보장은 전문직 윤리에 근거한 윤리적 의무에 그치는 것이 아니라 법에도 규정되어 있다.

사회복지사업법 제47조 비밀누설의 금지에도 "사회복지사업 또는 사회복지업무에 종사하였거나 종사하고 있는 자는 그 업무수행의 과정에서 알게 된 다른 사람의 비밀을 누설하여서는 아니 된다"고 규정하였다(우국희 외, 2015).

〈표 12-1〉 사회복지 관련법에 명시된 비밀보장 조항

법	조 항	내 용
사회보장기본법	제38조 개인정보 등의 보호	사회보장의 업무에 종사하는 자는 사회보장과 관련해 알게 된 개인·법인 또는 단체의 비밀을 관계법령에서 정하는 바에 따라 보호하여야 한다.
사회복지사업법	제47조 비밀누설의 금지	사회복지사업 또는 사회복지업무에 종사하였거나 종사하고 있는 자는 그 업무수행의 과정에서 알게 된 다른 사람의 비밀을 누설하여서는 아니 된다.
	제54조 벌칙	제47조의 규정에 위반한 자는 1년 이하의 징역 또는 1천만 원 이하의 벌금에 처한다.

아동복지법	제65조 비밀 유지 등의 의무	아동복지사업 또는 아동복지전담기관을 포함하여 아동복지업무에 종사하였거나 종사하는 자는 그 직무상 알게 된 비밀을 누설하거나 직무상 목적 외의 용도로 이용하여서는 아니 된다.
	제71조 벌칙	제65조를 위반하여 비밀을 누설한 자는 1년 이하의 징역 또는 500만 원 이하의 벌금에 처한다.
정신건강복지법	제71조 비밀누설의 금지	정신질환자 또는 정신건강증진시설과 관련된 직무를 수행하고 있거나 수행하였던 사람은 그 직무의 수행과 관련하여 알게 된 사람의 비밀을 누설하거나 공표하여서는 아니 된다.
	제56조 벌칙	제42조의 규정에 위반하여 직무상 알게 된 타인의 비밀을 누설하거나 발표한 자는 3년 이하의 징역 또는 3천만 원 이하의 벌금에 처한다.

4) 기록의 공개

사회복지사는 클라이언트나 법적 대리인으로부터 명백한 동의를 받지 않고 정보를 누설해서는 안 된다. 그러나 클라이언트나 다른 사람에게 예상되는 심각하고 긴급한 위험을 방지하거나 법적 요구가 있는 경우, 비밀보장을 지키지 못하거나 정보를 공개할 수 있다. 이 경우에도 클라이언트에게 고지하여야 한다. 사회복지사는 클라이언트와 비밀보장의 한계 상황에 대하여 이야기해야 한다. 또한 비밀이 보장되지 않는 공개된 장소에서 비밀 정보를 논하면 안 된다. 대중매체의 요청이 있는 경우도 비밀보장이 되어야 한다. 컴퓨터, 전자메일, 전화 기타 정보 통신수단을 통한 정보의 비밀보장에 유의해야 한다(김상균 외, 2002, 강흥구, 2016 재인용).

그러나 대부분의 사회복지사는 클라이언트에 대한 정보를 다른 기관에 보내기 전에 공식적으로 클라이언트로부터 정보공개에 대한 승낙을 받는 일을 중요하게 인식하고 있다. 그럼에도 불구하고 대부분의 실천현장에서는 아직도 클라이언트에게 공개되는 정보 사항이나 정보의 내용 등이 구체적으로 명시되어 있지 않은 상태에서 개인정보공개를 허용한다는 내용에 서명을 요구하고 있다. 사회복지사는 공개될 개인정보에 다음과 같은 내용이 포함된다는 것을 클라이언트에게 알리고 클라이언트의 서명과 동의를 구해야 한다. 개인정보 공개 항목에 대한 구체적인 사항은 다음과 같다(오혜경, 2015).

① 날짜 : 정보공개 일시
② 담당기관명
③ 정보를 요구한 기관명
④ 정보를 공유하기 위한 목적
⑤ 정보공개에 제시된 치료 기간 및 서비스의 효과
⑥ 정보의 제3의 담당자나 제3의 해당기관 등으로 전달되지 않는 것에 대한 준비
⑦ 기타 공개될 정보의 내용들과 증인의 서명

또한 기록공개가 제한적으로 가능한 경우를 제시하면 다음과 같다(최소연, 2015).
① 기록공개에 대한 대상자의 동의가 확보되었을 경우
② 법적으로 의무적 공개가 요청되는 경우
③ 평가목적으로 활용되는 경우
④ 사례회의 등의 다 학제 간, 전문가들의 사례에 대한 논의가 필요한 경우
⑤ 교육 및 훈련의 목적에 해당하는 경우로 슈퍼비전이나 학생실습, 수련이나 사회복지사 인턴의 교육 등에 활용되는 경우

이외에 사회복지실천에서 정보를 공개하는 데 있어서 사회복지사는 모든 사례의 진행 노트(progress note)를 공개하는 일은 반드시 피해야 한다. 클라이언트에 대한 진행 노트에는 클라이언트에 대한 모든 정보가 포함되어 있기 때문에 제3의 담당자가 정보를 요청한 경우 그 원하는 내용을 요약해서 필요한 정보를 전송하는 것이 바람직하다. 때때로 사회복지사는 클라이언트의 기본 언어가 사회복지사의 모국어가 아닌 경우, 이를 이해하는 데 제한을 받게 된다. 이 경우 사회복지사는 클라이언트에게 자신의 정보가 공개되는 것에 대해 이해할 수 있도록 명확히 전달하고 클라이언트의 동의를 얻는 데 전적인 책임이 있다.

예 **정보공개 시 언어적인 장벽, 통역관 배치**

사회복지사는 클라이언트에 대한 완전한 이해를 위해서 필요한 노력을 할 것과 클라이언트의 언어적인 설명과 이해를 돕기 위해 자격을 갖춘 통역관과 함께하거나 통역관이 필요한 경우 언제라도 통역이 가능하도록 통역관 배치가 이루어질 것을 제안하고 있다. 대표적인 대상으로는 외국인, 다문화 가족, 장애인, 수화통역이 필요한 청각장애인 등 일반적인 언어로 의사소통에 제약이 있는 클라이언트에게 개인정보를 공개할 시 언어적 장벽을 극복할 수 있는 방안이 요구된다(오혜경, 2015).

참고문헌

강흥구(2016). 사례관리. 정민사.

김기덕(2002). 사회복지 윤리학. 나눔의집.

김상균 외(2002). 사회복지윤리와 철학. 나남출판.

김혜란 외(2001). 사회복지실천기술론. 나남출판.

오혜경(2015). 사회복지윤리와 철학. 창지사.

우국희 외(2015). 사회복지 윤리와 철학. 공동체.

최소연(2015). 사회복지기록 : 사례중심. 장애인복지관협회 2015년도 사례관리 기초과정 자료집, pp. 27-50.

CHAPTER 13

사례관리의 미래 전망과 과제

제1절 사례관리의 미래 전망

제2절 사례관리의 문제점

제3절 사례관리의 미래 과제

CHAPTER 13

사례관리의 미래 전망과 과제

제1절 사례관리의 미래 전망

1. 우리나라 사례관리에 대한 미래 전망

21세기에 접어들면서 사회적 기능상의 심각한 문제로 인하여 정상적인 인간다운 삶을 영위하지 못하는 사람들이 점점 증가하고 있다. 노인인구의 급속한 증가, 다문화 가족의 증가, 장애인과 요보호아동의 증가, 빈곤가족, 한부모가족, 조손가족의 증가 등으로 인하여 복합적이며 장기적인 욕구와 문제를 가진 사람들이 점차 증가하고 있다(이근홍, 2020). 사례관리자는 이처럼 절망적인 상황에서도 서비스 이용자에게 희망을 주고 긍정적 전망을 제시해야 한다(이준우 · 최희철, 2016). 따라서 복합적이고 장기적인 욕구와 문제를 가진 사람들에게 그들의 욕구와 문제를 해결하고 사회적 기능을 향상시킬 수 있는 대표적인 대인서비스 실천방법인 사례관리는 앞으로 더욱 발전하게 될 전망이다(이근홍, 2020). 우리나라의 사회복지실천에서 사례관리의 전망에 대해 다섯 가지로 구분하여 살펴보면 다음과 같다(최선희 · 정재연, 2020).

1) 사례관리의 전문성 강화

사례관리 전문성의 강화가 이루어질 것이다. 사례관리는 정체적 개념이 아니고 과정적인 개념이며 계속적으로 대상과 내용이 확대되고 있다. 그러한 과정 속에서 사례관리를 보다 전문화하려는 노력이 이루어지고 있다. 클라이언트의 욕구/ 문제 등에서의 확대는 물론 내용적으로도 서비스 제공이나 변화과정에서 전문성을 확보하려는 노력이 진행되고 있는 것이다.

2) 전문서비스의 개발

전문서비스 개발이 이루어지고 있다. 오늘날에는 사례관리와 전문서비스의 분화가 보다 확실하게 이루어지고 있기 때문에 사례관리의 전문성과 아울러 전문서비스의 전문성 또한 중요하게 요구되고 있다.

3) 서비스 제공기관들 간의 연계성

서비스 제공기관들 간의 연계성이 확대되고 있다. 사례관리는 전문/ 비전문 자원이 중요하기 때문에 서비스 제공기관들 간의 연계성이 중요하다. 이를 뒷받침하여 통합사례관리라는 용어가 만들어지고 여러 기관이 협력하여 통합적으로 접근하고 있다. 물론 아직 초기단계지만 이러한 경향성은 더욱 짙어질 것으로 전망된다.

4) 사례관리의 통합적 접근

사례관리의 통합적 접근이 이루어질 것이다. 돌봄과 보건의료 분야에서 시작된 사례관리가 문제해결 및 복지욕구 충족으로 확대되었는데, 각 전문영역에서 분절적으로 이루어지던 사례관리가 고령사회의 도래로 인해 돌봄 · 보건의료 · 복지 통합사례관리로 나아가게 될 것이다.

5) 커뮤니티와의 연계성

커뮤니티와의 연계성이 높아질 것으로 예측된다. 생태체계적 관점은 환경 속의 인간이라는 관점인데, 그동안 사회복지실천은 개인과 가족 중심으로 진행된 것이 일반적이다. 미국사회사업가협회(National Association of Social Workers)에서도 이를 반성하며 커뮤니티를 강조하고 있는데, 이것은 한국의 사회복지실천에서도 마찬가지일 것이다. 따라서 커뮤니티 기반 사례관리 실천이 주요한 방법론으로 자리잡게 될 전망이다.

제2절 사례관리의 문제점

1. 우리나라 사례관리의 문제점

사례관리가 보다 더 발전하기 위해서는 사례관리 방법론이 태생적으로 내포하고 있는 한계와 더불어 한국적 상황에서 특수하게 논의되는 문제점들을 살펴볼 필요가 있다. 구체적인 내용을 살펴보면 다음과 같다(전혜성 외, 2020).

1) 사례관리 방법론에 의한 태생적 한계

첫째, 사례관리자들은 기존에 사회복지실천가로서 추구하던 가치와 사례관리자로서 요구받는 가치가 충돌되면서 정체성의 혼란을 겪을 수 있다. 국가로부터 대상자의 행복과 사회적 위험에 대한 관리의 책임을 부여받아 사회가 추구하는 직무를 수행해야 하는 사례관리자는 본래 사회복지실천가로서 지향하고자 했던 안전, 보호 등의 가치와는 다른 기술, 규칙, 행정절차를 요구받기 때문에 이를 수행하는 과정에서 관료화되거나 정체성의 혼란을 경험하기 쉽다(김기덕, 2014).

둘째, 사례관리는 사회복지사의 재량권을 축소시킴으로써 전문성을 약화시키는 결과를 가져올 수 있다. 사례관리의 방식이 혼란을 방지하고 일정 기준선 이상의 서비스에 대한 책임을 보장하는 긍정적인 측면도 있지만 표준화된 매뉴얼을 강조하기 때문에 사회복지실천가로서 발휘할 수 있는 자율성, 창의성을 위축시키고 전문성을 발휘하기 어렵게 한다.

셋째, 사례관리는 복지자원의 부족에 대해 새로운 서비스 보장이나 지원책을 마련하기보다는 예산지원을 최소화한 상태에서 복지체감도와 만족도를 높이려는 정치적, 경제적 목적을 가지고 있다. 하나의 관리적 기제로서 비용효율적인 방식을 기반으로 저렴하면서도 대체 가능한 서비스를 선택하는 비용 효과 중심의 선택과 결정을 내리게 된다는 비판을 받고 있다(Netting, 1992).

넷째, 사례관리가 사회복지에서 주류로 등장하면서 다른 사회복지실천 방식이 주변화되거나 사회복지실천이 획일화되는 경향이 있다. 사례관리가 전달체계를 통해 표준화되고 사회복지 실천의 주요 평가요소로 규정되면서 상대적으로 기존에 있던 사회복지실천 방법들을 몰가치화하는 경향이 있다.

다섯째, 사례관리자들은 대부분 소진과 과도한 스트레스에 놓이게 된다. 사례관리자들은 정해진 기준에 따라 명확한 성과를 산출해 내야 한다는 부담 속에서 혼란과 스트레스를 경험한다. 성과에 대한 기대와 사례관리자가 개인이 추구하는 믿음 사이의 불일치가 발생하고 둘 사이 간격의 확대로 사례관리자의 심리적 고통이 가중된다.

2) 한국적 상황에서의 사례관리 실천의 어려움

한국의 사례관리 실천현장은 사례관리 개념 부재의 문제, 지나치게 많은 사례 수, 사례관리 연관기관 간의 조정과 협력의 문제 등과 같은 어려움을 겪고 있다.

(1) 사례관리에 대한 통일된 개념의 부재

사회복지 실천현장에서 가장 많이 논의되는 주제가 사례관리임에도 불구하고 각자 다른 생각으로 사례관리를 논하고 있다. 영역별, 수준별로 각기 다른 개념으로 이해하고 있어 커뮤니케이션이 잘 안 된다는 것이다. 이것은 한국 사례관리의 정체성 확립의 문제로 연결된다.

한국의 사례관리는 도입 당시부터 현재까지 사례관리의 필요성에만 집중하고 상대적으로 개념적 합의를 도출하려는 노력은 소홀히 하면서 사례관리의 무정형성의 특성을 더욱더 가속화시키고 있다. 이런 상황 속에서 민간 사례관리와 공공 사례관리가 별도의 영역으로 자리를 잡으면서 두 영역 간 역할 경계의 모호함이 더 큰 혼란을 불러오고 있다.

(2) 사례관리 담당사례 수에 대한 이슈

사례관리 케이스 수에 대한 이슈가 한국 사례관리 실천현장의 화두가 되고 있다. 총체적 접근에 관심을 가진 통합적 사례관리가 대상자의 다양한 삶의 영역으로 파급되고 주변체계에 대한 동시적 접근을 시도하는 것은 긍정적인 모습이다. 그러나 사례관리자가 도저히 감당할 수 없는 수준으로 양적인 성과에만 집중하는 모습을 보이고 있다.

한국의 대표적인 사례관리 전달체계인 사회복지관, 희망복지지원단, 드림스타트 등에서 1인의 사례관리자가 맡고 있는 사례 수는 평균 60~80건 정도가 된다. 사례관리자들은 수많은 사례와 그에 따른 기록, 전산처리를 위해 자기성찰은 물론 사례관리의 내용을 고민할 여력이 없다고 호소하고 있다.

(3) 사례관리 관련기관들 간의 조정과 협력 부재

수많은 사례관리 관련기관들 간의 조정과 협력이 이루어지지 않고 사례관리 실천 방향에 대한 명확한 가이드라인이 제시되지 못하고 있다. 지역사회 어느 기관이나 사례관리자가 있고 사례관리를 수행하고 있다. 동사무소, 사회복지관, 정신건강복지센터, 드림스타트, 지역아동센터 등 다양한 사례관리 수행기관들을 어떻게 조정해야 하는가? 누가 주 사례관리자가 되어야 하는가? 서비스 연계와 조정의 책임자가 명확하지 않고 중복과 혼선으로 통합적 관리가 이루어지지 못하고 있다.

사례관리는 근본적으로 공식적, 비공식적 자원과 활동들의 네트워크를 조직, 조정, 유지하는 것이다. 특히 사례관리의 조직은 네트워크 구조를 가진 수평적 조직 형태이다. 이런 네트워크 구조에서의 단위 조직 간의 조정은 비공식적으로 이루어지고 느슨하게 결합된 상호 독립적 조직이기 때문에 조정과 통합이 더욱 중요해진다. 서로의 영역과 노력이 존중되고 적절한 서비스가 지원되기 위해서는 지역 내 각 기관들과 사례관리자들이 어떻게 조정, 통합되어야 하는가가 현재의 한국 사례관리의 주요 현안이 되고 있다.

제3절 사례관리의 미래 과제

사례관리는 클라이언트를 위한 대표적인 대인서비스 전달방법으로 앞으로도 더욱 광범위한 분야에서 더 많이 활용될 것이며, 사회복지실천의 그 어느 분야보다도 급속히 발전하게 될 것이다. 앞으로 사례관리는 여러 분야에서 현재보다 더 많은 변화를 가져올 것이며, 21세기에 변화될 사례관리의 방향에 대해 논의하면 다음과 같다(이근홍, 2020).

첫째, 사례관리의 클라이언트가 넘치는 시대에서 적절한 클라이언트의 확보를 위해 경쟁하는 시대가 될 것이다. 그동안 사례관리 실천현장에서 클라이언트가 부족하여 사례관리 서비스를 제공하지 못하는 사례는 없었다. 그러나 앞으로는 사회복지서비스 공급주체가 급속히 증가하고 사례관리자가 많아지면서 사례관리 서비스에 적절한 클라이언트를 확보하기 어려운 시대가 될 것으로 예상된다. 따라서 사례관리자는 출장원조나 의뢰와 같은 유용한 사례발견 전략을 통하여 서비스에 적합한 클라이언트를 확보해야 할 것이다.

둘째, 사례관리는 사회복지학 및 간호학 이외에도 다양한 분야에서 폭넓게 활용될 것이다. 사례관리는 서비스를 개별적·연속적으로 관리하는 대인서비스의 전달방법이기 때문에 비용을 절감할 수 있고, 서비스의 효과성과 효율성을 극대화시킬 수 있다. 예를 들면, 의료보험을 취급하는 회사가 병원에 입원한 보험가입자에 대한 입원비용을 줄이기 위해서 사례관리자들을 고용하여 조기에 퇴원시키고 지역사회의 의료기관을 외래로 이용하게 하여 절감시킬 수 있을 것이다. 이와 같이 대인서비스를 전달하면서 비용절감 노력이나 서비스의 효과성과 효율성을 높이기 위한 다양한 기관들이 사례관리를 활용하게 될 것이다.

셋째, 사례관리는 클라이언트의 욕구중심에서 욕구와 문제 중심으로 변화될 것이다. 사례관리는 그동안 복합적이며 장기적인 욕구를 가진 클라이언트를 대상으로 클라이언트의 문제해결과 치료보다는 욕구충족과 보호 및 사회적 기능의 향상에 더 중점을 두어 실천해 왔다. 그러나 최근의 사례관리는 클라이언트의 욕구충족과 보호 및 사회적 기능의 향상은 물론 클라이언트의 심각한 문제의 해결과 사회적 역기능의 치료에도 관심을 두고 실천하고 있으며, 앞으로도 문제해결과 치료에 상당 부분 관심을 두고 실천하게 될 것으로 보인다.

넷째, 클라이언트에 대한 서비스 제공이 제공자 중심모형에서 클라이언트 중심모형으로 변화될 것이다. 그동안의 사례관리는 클라이언트의 욕구를 충족시키기 위해 서비스계획의 수립에 초점을 두었으며, 클라이언트가 서비스계획에 참여하는 형태로 서비스가 제공되었다. 그러나 앞으로는 사례관리자와 클라이언트의 관계에 초점을 두어 클라이언트를 적극적인 행동의 주체로 보고 그들의 기능, 능력, 강점, 장점, 잠재력, 성장과 발전의 가능성 등을 확인하고 개발하는 방향으로 서비스가 제공될 것이다.

다섯째, 사례관리의 형태가 개별적인 사례관리에서 통합적인 사례관리로 변화될 것이다. 그동안의 사례관리는 각각의 기관이나 시설에서 사례관리자가 클라이언트의 욕구충족과 문제해결 및 사회적 기능 향상을 위해 개별적으로 실시되어 왔다. 그러나 앞으로는 지역사회의 다양한 기관과 시설들이 협력하여 통합적인 지역사회 협조망을 통해 사례관리가 실천될 것이다(Frankel & Gelman, 2004). 즉, 사례관리가 개별적인 기관과 시설 중심에서 시·군·구 중심으로 변화될 것이며, 시·군·구 차원에서 기관과 시설 간의 관계망을 형성하고 상호 간에 적극적으로 협력하며, 지역사회 통합정보망을 형성하여 지역사회 자원에 대한 정보를 공유하면서 사례관리 통합체계를 구축하게 될 것이다.

▎참고문헌▕

김기덕(2014). 현대 사회의 특성과 사회복지의 위상 : 바우만의 유동적 근대성 이론을 중심으로. 한국사회복지실천연구학회 2014 춘계학술대회 자료집, 163-187.

이근홍(2020). 사례관리론. 지식공동체.

이준우 · 최희철(2016). 사례관리론. 신정.

전혜성 외(2020). 현장 사례관리. 학지사.

최선희 · 정재연(2020). 현장기반 사회복지 사례관리 실제. 지식공동체.

Frankel, Arthur J., & Gelman, Sheldon R.(2004). *Case Management-An Introduction to Concepts and Skills*(2nd ed.). Chicago, IL : Lyceum Books Inc.

Netting, F. E.(1992). Case Management : Service or symptom?. *Social work, 37*(2). 160-164.

저/자/약/력

■ **서보준**

대구한의대학교 대학원 졸업(사회복지학 박사)

현) 한국국제대학교 사회복지학과 교수

한국공공사회학회 운영이사, 경상남도 하동군 노인종합복지관 운영위원장 및 사례관리 솔루션 자문위원, 경상남도서부권지역 노인보호전문기관 위원장 外 다수

〈주요 논문 및 저서〉

사회복지전공 대학생의 전공만족도와 진로준비행동과의 관계에서 진로결정자기효능감의 매개효과(서보준, 2021)

사회복지행정론(2021), 노인복지론(2020), 사회복지학개론(2020), 사회복지조사론(2018), 아동권리와 복지(2017) 外 다수

■ **김우호**

대구가톨릭대학교 대학원 졸업(사회복지학 박사)

현) 성운대학교 아동보육복지상담과 교수

〈주요 논문 및 저서〉

독거노인의 사회적지지가 죽음불안에 미치는 영향관계에서 자아통합감의 매개효과(공저, 2020)

특수교육실무원의 직무환경이 소진에 미치는 영향-자기효능감의 매개효과를 중심으로(공저, 2019)

사회복지행정론(2021), 사회복지학개론(2020), 사회복지조사론(2018) 外 다수

■ **이정미**

대구가톨릭대학교 대학원 졸업(이학 박사)

현) 성운대학교 사회복지심리상담과 교수(학과장)

청소년복지재단 이사

〈주요 논문 및 저서〉

사회복지전공 대학생의 취업스트레스가 대학생활적응에 미치는 영향-진로결정자기효능감의 매개효과(공저, 2019)

사회복지행정론(2021), 아동권리와 복지(2017) 外 다수

■ **이덕희**

신라대학교 일반대학원 졸업(사회복지학 박사)

현) 동의과학대학교 사회복지요양서비스과 교수

〈주요 논문 및 저서〉

요양원 종사자의 감정노동, 소진이 직무스트레스 및 직무만족에 미치는 영향 : 치매환자 돌봄 경험을 중심으로(이덕희, 2018)

노인복지론(2017), 아동권리와복지(2018), 사회복지현장실습(2018) 外 다수

■ **제미자**

신라대학교 일반대학원 졸업(사회복지학 박사)

현) 동주대학교 사회복지과 교수

〈주요 논문 및 저서〉

사회복지상담 실천을 위한 대학의 사회복지교육과정 개선 방안(2020)

사회복지사 교양역량 강화를 위한 문제중심학습의 도입 연구(2020)

사회복지실천론(2020), 사회복지 프로그램개발과 평가(2017), 사회복지행정론(2018) 外 다수

공부하면 쉬운

사례관리론

|**공저자**| 서보준 · 김우호 · 이정미 · 이덕희 · 제미자

|**1판 1쇄**| 발행 2022년 1월 10일
|**1판 2쇄**| 발행 2023년 1월 30일
|**1판 3쇄**| 발행 2024년 9월 10일

|**발행인**| 김동훈
|**발행처**| 공 동 체

|**주소**| 경기도 고양시 일산동구 호수로 358-39, 동문타워 I 905호(백석동)
|**전화**| 031) 814-3000(대표)
|**팩스**| 031) 814-3100
|**홈페이지**| www.compub.co.kr
|**전자우편**| compub@naver.com
|**출판등록**| 2005년 10월 6일
|**등록번호**| 제396-2005-36호

|**ISBN**| 979-11-6725-084-1
정가 18,000원